反市場

JG股市操作原理

面對全世界最大的賭場，千萬別照規則走。
一本書帶你跳脫傳統技術分析的困境！

《 JG說真的 》創辦人 *JG* 著

「 一百種人就應該有一百種賺錢方式，
我想證明真的有一套交易思維與方法，可以讓每個人找到屬於自己的獲利方式 。」

推薦序 幫助你在投資之海
到達終點的指南針

知名投資部落客　麥克風

　　JG 縱貫這本書的觀念，就是「反市場」。雖然我自己的交易邏輯，在核心上跟他的邏輯可說是完全衝突，但我完全認同把反市場這三個字，內化成為自己思考模式的一部分。巴菲特的夥伴孟格，曾經在 1986 年以「確保人生悲慘的秘訣」為題，對哈佛大學畢業生演講，其中的最後一個祕訣，就是不要反向思考。他是這樣比方的：「我希望我知道我到什麼地方會掛掉，然後我只要不去那個地方就好。」我們在人生遇到的種種難題，只要應用反向思考，很多時候都能迎刃而解，投資也是。

　　JG 是走過生死關頭的人，字面上的那種意思。2014 年他生了場怪病，被送進加護病房，甚至無法自主呼吸，可以說是真正從鬼門關前走了一遭。

　　這場病改變了他對人生的看法，他開始更多的分享自己的經驗，經營部落格、臉書社團、拍影片，也因為過去的補習班老師經驗，他把很多時間花在教學與回饋上。蒐集大家的經驗再歸納整理後，發現多數人在投資上都走過類似的冤枉路，像是學了一大堆方法，卻不知道該用哪一套；遇到大跌就忘記原本訂下的買

賣理由，改成長期投資，又稱長期套牢。

有在追蹤JG的人，應該知道他常常強調「運氣」跟「暴賺」，甚至提出了所謂的「暴賺公式」，不熟悉的人看到這兩個詞，應該只會覺得JG是個唬爛嘴吧！但這其實是標題殺人。所謂的暴賺公式並不是多數人所以為，一旦這本書出版，隨著更多人知道，超額報酬就會消失的「不傳之秘」。當你看完這本書，咀嚼過那些沙場老手專屬的深刻見解之後，相信你會對這兩個詞產生完全不同的看法。

另外一個重點則是增加自己的心理素質，減肥是個很好的比方。控制體重的方法隨便上網搜尋就有，最基本的就是運動、飲食控制，其中還可以細分成有氧、重訓、生酮、低醣等不同的形式。但是為什麼有那麼多人就算知道方法，還是無法控制自己的體重呢？因為多數人無法控制心理上的誘惑：累了懶了不想運動、心情不好就多吃點，於是永遠無法養成良好的習慣。

市場也是一個充滿誘惑的地方，曾經有一位前輩對我說，大部分的人進股市，嘴巴上講的是想要賺錢，實際上只是想滿足衝殺的快感，這只要從他們的行為就看的出來。交易癮跟菸癮一樣，只要上癮了，戒掉就不容易。要戒除這種癮頭，JG提出了一個非常簡單的方法，就是寫自己的交易日誌。我在還是新手投資者時，也在ptt2建立了個人版面，專門記錄自己的交易想法與策略，定

期回顧調整，加上與其他人的討論，現在回想起來，那可能是我進步最快的一段時期。

　　到達終點的路徑很多，請把這本書當作一個指南針，幫助你在茫茫投資之海中更不容易迷失方向，至於要選擇哪一條路，就是各位的事了。

前言 成為股市贏家的哥白尼反轉

說真的，有夠誇張。

過去有一段很長的時間，所有的人都覺得地球是世界中心，太陽繞著地球在旋轉是真理。

也因為當時是如此的落後，所以當哥白尼提出偉大的地球繞著太陽系運轉的「日心說」時，每個人都對現在我們習以為常的「真相」斥之以鼻。

2019年的現在，當媒體上多數的理財專家都告訴我們，能在股市賺錢，是因為分析能力高強，大多數人也以為，在股市看得越準確的人就越能賺錢。也因此，預測未來同樣成了多數股民的股市課題。

大部分的股民，前仆後繼地把時間花在研究各種技術線型、指標（技術分析）或是財報、產業趨勢或是世界總體經濟走勢（基本分析），結果賺錢的人還是少數，不論多麼用功，在股市獲利都是這樣的遙不可及。

長久下來的以訛傳訛，導致股民們覺得要賺錢就要學會超強的分析，也就不奇怪了。只不過，看在業內的操盤手眼裡，不免會對這些努力的股民感到可惜。

在股票市場中，贏家往往只有那少數的一成。

請問，剩下的**九成輸家哪個不會分析？**

想在股市賺錢，我們必須做哥白尼式的反轉。

請試著將你腦中的分析放下。

把「善用運氣」、「買賣技巧」跟「利用情緒」重新放在中心點，你將會發現整個股市世界將翻天覆地，完全不一樣。

相信地心說的人只是搞錯了事實，還是可以安居樂業、生活無虞，但如果是在股市，方向只要不對，那就會永世不得翻身的掉入賠錢地獄。

我叫JG。

我一生中只做過兩種工作：**股市與股市外的。**

哲學系畢業後，第一份工作是在補習班當數學老師，上班一年後我就辭職了。接下來專職股市操作十幾年、寫股市部落格五年、訓練股市投資人四年、創立股市新媒體三年。

我從為了生存做股票，到為了自由做股票，最後是為了理念而做股票。

在股市裡，標準答案通常是最危險的毒。因此在這本書裡，我不會只給大家答案，我還會盡可能引導你往正確的方向思考。只有你自己走過這一回，才能得到屬於自己的賺錢能力，靠自己

的判斷才能賺得踏實而安心。

如果你剛進股市不久，我恭喜你，因為你從這本書讀到的將是最乾淨的股市觀。

如果你已經進股市一陣子，甚至是老手呢？請不用太灰心，這本書最重要的目的就是希望認真的人可以反敗為勝。以我多年的訓練經驗來講，在股市曾經摔越重的人，只要方向一反轉就能贏回越多，替一直以來努力的自己討回公道。

我在本書想做的事情很簡單，既然我已經在網路以及YouTube上分享了這麼多觀念，那麼我希望透過紙本書籍帶著大家做簡單的體驗，目的是陪著大家一起以「反市場」的角度重新看待股票世界，我相信你能夠瞬間看到那條賺錢的運轉軌跡。

以下是在我股市操作十幾年的日子裡，經歷過三個賺錢模式的階段：

第一階段：一年賺三倍（大槓桿暴賺）
第二階段：一年賺三成
第三階段：三年賺一倍（累積暴賺）

第一種「大槓桿暴賺」，要靠天賦或是非常努力成為專家，不容易達成。

第二種「累積暴賺」，透過反市場思考與利用好運，人人都有機會得到。

在我操盤人生後期，發展出一套可以兼顧生活品質與高報酬的獲利模式，就是「累積暴賺」。隨著認識更多操盤贏家，加上訓練投資人的經驗（這些學生大部分人是上班族、專業人士或接近退休族群），我越來越確定這套「累積暴賺」的操作模型，非常適合大部分想在股市達成長期致富的人，甚至連專職操作者都能利用。

「暴賺」操作可以濃縮成簡單六個字的公式：

暴賺＝看對＋下大＋抱住

當你看完這本書，就會了解暴賺公式的用法。

本書有三篇，第一篇是帶你了解股市致富的真道理：反市場

我常說股市是一個推理遊戲，如果你想玩贏這個遊戲，就得先搞懂「反市場」。

大多數股民因為都看「市場上」一樣的書，學「市場上」一樣的主流方法，所以根本沒有自己的優勢。

股票市場是個賺新手錢的賭場遊戲，假設我們的策略跟別人的策略一樣，那就死定了。

如果你要贏錢，就得想辦法知道對手的下一步，巴菲特說過：「上了牌桌三十分鐘，如果你看不出來誰是輸家，那你就是輸家。」

我現在馬上帶大家來做一次「反市場」思考，你就會了解這個觀念的威力。

舉例來說，大家應該在股市都有聽過所謂的「真突破」、「假突破」對吧，我們只要在google搜尋這兩個關鍵字，就會有一堆股市達人告訴我們如何分辨真假突破，但只要你有嘗試過就會發現，要知道哪一次突破是真的，根本做不到也不可行。

但既然十次突破裡有超過八次是假的，十次跌破中有八次不會跌破，那大家想想，究竟為什麼我們要抓出「真的」那一次？把每次都當成假的勝率不是更棒、賺錢不是更容易？如果十次跌破裡面有八次是假跌破，那是不是跌破去買進才是真道理？

當你了解這一點後，你就會明白為何我在指導股民時，常會對他們說：「打開你的對帳單，看看是不是把買賣全部顛倒就變成賺錢了？」

在第一篇，你將會學到幾個最重要「反市場」的買賣觀念：

1. **兩種贏家類型**
2. **J派買賣原則**
3. **反市場原理與操作實錄**

第二篇，我希望幫讀者繞開所有賠錢的冤枉路。

我這幾年收到非常多股民的求救信，同時訪談並指導過其中不少人，發現大多數的人或多或少都經歷過以下過程：

1. 買許多的書與付費訂閱資訊

2. 參考許多高手的建議（包含坊間跟身邊的）

3. 學好幾套技術與方法

4. 不知道下單到底要依據什麼

5. 下了單，因為情緒而在錯誤地方出場而賠了錢

6. 賠錢之後不甘心，繼續買更多書與付費訂閱資訊、聽更多「高手」建議

7. 幾次大跌後，給自己一個凹單的藉口叫「長期持有」，更慘者認賠「畢業」

8. 想翻本，開始學高難度技術大量短線進出，輸了工作表現又賠了手續費

9. 幾年後，股市開始多頭翻揚覺得又有機會試試，於是再度跳進股市迴圈

坦白說，我過去始終認為大部分人會在股市輸錢都是因為「不認真」，但後來大量接觸股民後才發現我弄錯了，他們都是抱著想自由或讓家人過好日子的動機而努力，可惜做的是跟其他人「一模一樣」的努力，才是輸錢的最大原因。

我始終忘不了YouTube頻道《搶救股民大作戰》一個受訪者的問題：「為什麼股市不像學生時代有個標準課本，照著做就可以及格或畢業了？」

先告訴大家一個壞消息，在股市真的沒有標準課本，因為股市是人人對決的賭場遊戲，照著標準做就死定。

但這同時也是個好消息，正因為「股市沒有標準課本，所以每個人也都有機會用自己的方式拿高分」。

你會在第二篇，學到兩個少走冤枉路的方法：

1. 了解股市人性的真相——贏家都非常明白知道自己的弱點，進而避開失誤。
2. 訓練「反市場」思考——贏家如何利用「大家都知道」的市場主流看法來獲利。

第三篇，我想要協助你鍛鍊內在情緒。

當你能夠掌握「反市場」思考來買賣，又能把握人生的好運，

你會開始發現贏錢很容易，但贏錢沒什麼了不起，因為很多技術厲害的人最後都輸給了情緒。

「一旦好運出現，就要用買賣來攻擊，用情緒來防守。」

交易很難，因為你要控制自己；

交易很簡單，我們只需要控制自己。

我會告訴你如何系統化的鍛鍊內在強度，你會先學到什麼是股市癮，要如何去除。你也會學到怎麼寫交易日誌、如何回測、來強化在股市的情緒與心態，進入「下單穩」的境界。

「股市有一百種人，就有一百種賺錢方式」

最後一章，我會介紹這幾年歸納出來的贏家法則：JG 八原則，並且提供四個客製化步驟，幫助你改善並且強化個人的交易系統（SOP）。

在我訓練這麼多學生中，大部分的人選擇不完全模仿 JG。大部分人來股市都想得到自由，但也都希望用自己的方式自由，我相信只有用自己的方法才能夠累積暴賺。在本書最後我會統整所有觀念，帶著你打造自己的交易系統。

這本書的初衷是藉著「反市場」的觀念，幫助你重新看待股市。當你看到更大、更新的不一樣視野後，就會在股市找到脫離現狀的方法。

我衷心盼望你用自己的方式，奪回生命的自由。

實戰回測　當你看到左上這個記號 ，請務必要花時間回測，這些反市場的觀念與技術才會記憶在你的大腦與身體。（回測，就是把我們學到的股市知識或方法套用在過去的歷史，模擬看看會發生什麼事情，詳細操作方式請看第7章）

序章 股市獲利的真相

面對一堆高手，散戶們憑什麼贏？

若你是第一次看到這本書，有可能會發現裡面的內容和大部分的財經書籍不同。

這本書是寫給想要脫離現狀的你，而且我知道，會挑選這本書的讀者，一定是有著跟我當年很像的愛自由脾氣。

跟大家得到第一份工作時一樣，我在23歲面試到第一份正式工作後心裡真的很滿意，我在當年聞名全台的儒林補習班得到了數學老師的舞台，不到半年前我還在為哲學系畢業擔心焦慮，現在卻覺得自己前途一片光明。我每晚都迫不急待地和女友分享自己的進步，每當掛上電話，雖然月薪只有三萬，但我總是充滿鬥志的入睡。

工作慢慢步上軌道，相信大部分人都會想讓收入增加，身為一個數學工匠，最直接的方式就是挑戰股市。我永遠記得當自己24歲宣告準備靠股市養活自己的當下，所有親戚臉上擔心受怕的表情，只不過身邊的人也都知道我的脾氣，想做的事一定幹到底，從來不認為會失敗。

好像太樂觀了對吧？但我不擔心，你也不必擔心，因為樂觀是戰勝所有事情必要的養分，在任何領域發誓不被打倒是最重要的事情。

但樂觀不等於盲目，所以當進到書局後，我開始思考一些所有進市場的人都該考慮的事情。

在金融理財類書櫃前，我緊盯著琳瑯滿目的理財書籍，旁邊有人在翻著財務報表的書，有人在翻存股的書，也有人在鑽研技術分析的書。

這時我才察覺，自己可能快要掉入一個大陷阱，內心瞬間充滿了問號，大大的問號。

回想起來，我當下滿腦子想的是這些疑問：

「大家都看一樣的書，怎麼做才能成為萬中選一的幸運兒？」

「作者若真的是贏家，怎麼可能把擊敗其他人的祕訣公開讓我學走？」

「即使作者真心讓我學走他的祕訣，我又憑什麼比看過同樣書的其他人優秀？」

「有位退休的阿姨家裡也放了滿坑滿谷的股市書，但她為什麼總是賺不到錢？」

最後我問自己：

「我有比華爾街的那些人聰明嗎，贏家為什麼是我，而不是他們？」

我認為任何一個有志於在股市獲得自由的人，也都應該要問自己這些問題。

為什麼？

若找不出答案，只是認為先學一定會先贏，那麼很可能是在逃避。

在書局站了不知道多久，我的腦袋一片混亂接近當機，突然想起國中時候，好像發生過類似的情境。

我想起所有的老師總是告訴我：「認真才能得高分。」

在我長大的環境中，每當長輩或師長無法說服我的時候，**他們總是會說這樣的一句話：「我不會害你。」**

即便老師不會存心害我，但我就是想不通，全班加上我一共40多位學生，如果大家的聰明才智差不多，每個人都聽從老師同樣的「認真得高分」建議，去做，如此一來會遇到什麼問題呢？

當時大家普遍考高分的最厲害方法，就是把參考書全部買齊，無論翰林、康軒還是南一，因為老師都說把所有題目做完就是高分保證。

最開始我也像其他人一樣狂嗑參考書，也確實考得不差，但我發現實在很消耗時間，而且做這麼多本的題目就不免熬夜，過一陣子我就開始失眠了。

晚上失眠，白天上課就得補眠，結果正課沒聽到，因為不完全理解回去寫參考書花更多時間，這樣下去是本末倒置。

有沒有其他的辦法？

再次改變命運的股市叛逆

如果不照老師的方法作戰呢？

如果不跟大家用一樣的讀書方法呢？

如果我用相反的方法、甚至「利用」他們相信的公式，會不會好處更多呢？

「每個人生來不同，如果一群人都用同一套方法決勝負肯定有問題。」

我一直習慣這樣思考，怎麼做最有效率、怎麼做才不盲從，怎麼做，才能在最快的時間內領先對手。

我聽說能夠把人教會才代表真的懂，既然是真的懂，就代表能考高分了不是嗎？

　　所以我開始計畫把我當成別人的參考書，把我學過的東西想辦法教給他，如果這個方法正確，我就能贏到最多東西。

　　為了試著把這些人教懂，我幾乎把所有時間都用在整理和歸納，同時也捨棄了所有的參考書，並且在上課時極度專心的聽老師講解。我試著把老師講的重點畫成樹狀圖（有點類似現在的心智圖）和自創的筆記。

　　最後我想辦法把國文考試所有錯的地方整理出來，用這份資料教給大家。這樣做下來一周兩次，每次不會超過一個小時（因為我八點前一定要回到家）。結果我從此不再和失眠作伴，卻擁有不可思議的高分。

　　辛苦嗎？我倒是忘了，但我這幾個死黨的國文當時突飛猛進，我自己的高中聯考中則是在滿分200分的考試裡面拿了180多分，除了作文以外我幾乎拿到滿分。

　　數學方面，國三開始我也用一樣的「個人方法」來進步神速，講到這，大家會覺得是我考高分因為智商特別高嗎？我想絕對不會，單純是因為我不盲從，感謝老天讓我用對了方法。

　　考試固然不簡單，但想在股票市場討口飯吃才是難題。

比傳統考試更複雜的台灣股市

　　記得當時2006年的我一開完戶，一有時間就會去請教有股市

經驗的朋友跟長輩，他們其中有不少人口吻跟當年的「老師」們
很像：「認真才能賺錢。」甚至有人語重心長地要我去學財務報表，
最好把初等會計和中等會計都搞定，這樣建議我：

「多去書局翻翻，作者經驗或多或少都會讓你學到東西，學
到賺到。」

「每天都要閱讀經濟日報或財經週刊累積股市靈敏度，久了
成大師。」

自國中開始，幾次嘗試把主流看法反過來當「武器」並拿下
不少勝利後，我的大腦結構演化成只要發現自己和多數人的看法
相同，就會自動提醒自己要小心變成盲從的一份子。

站在理財金融書櫃前，想起當年我也曾迷失在滿坑滿谷的參
考書，內心有個聲音冒出來：「要遠離大家都在用的方法！」

我看到不少有關如何用財報選出好公司的相關書籍，但翻開
後馬上出現了幾個問號：

好公司就不會跌嗎？

股市上漲和公司好壞是不是真的有關係？

過去（財報）的事情能夠拿來推斷未來嗎？

　　如果股市是統計學遊戲，那我憑什麼贏？

　　現在很多網站不用幾分鐘可以看到一家公司的財務狀況，學財報要幹嘛？

　　這些想法是我翻閱基本面相關書籍時所浮現的疑問，那麼技術面呢？

　　講到技術分析，更是讓我打從心底的恐懼和懷疑。看到最多的是K線相關的書，再來就是「指標類」書籍，介紹移動平均線、KD指標，甚至還有我一直笑稱為玄學的波浪理論。

　　K線的變化很多很多，例如陰陽線、十字線、吊人線。

　　更厲害的是，在大盤不同的地方，這些一樣的K線還會有不同的含義。還有最耐人尋味的成交量，不同成交量還會造成這些K線在意義上產生變化。

　　關於這些技術，我常常都想不通也弄不清。

　　K線變化這麼多，把全部規律背起來，以後就不會改變嗎？

　　全部指標都是K線經過公式計算出來的，那為什麼不直接看K線就好，何必看指標呢？

　　如果「指標」準，那大家看到訊號以後一起買進，究竟誰是輸家？

疑問真的太多，但我明白正常人都有跟我一樣的心情，基於想盡快在股市賺錢，大家都會選擇先背再說。

我卻覺得我一定要想通這些關鍵，如果這些搞錯方向，那即便是我讀完一整櫃的書也沒有用，畢竟我一個月最多只能讀兩到三本書，我希望用最有效的方式來學習。

一個補習班菜鳥老師的股市菜鳥年

決定進場後，我平均一天看十個小時以上的股市資訊，睡眠很少，更別提我當時還在上班，當一個剛入行的菜鳥補習班老師，過著一大早爬起來發傳單、下午兩點打卡的苦日子。

因此，我並不覺得做股票比一般工作輕鬆，只不過對我而言，學會股票比起考醫科、律師、會計師這些在學生時代讓我覺得很困難的挑戰容易得多。

很多人問我，何必要這麼認真，研究股市慢慢來就好了，一點都不需要急。但我對股市相當恐懼，畢竟投入股市不像開早餐店，每賣一份就賺一份的錢，股市要嘛就不碰，不然多待一天，就有一天賠錢的風險。

所以當我在開始投入股市的時候，我必須強迫自己找到賺錢的核心，這點和一般人學習股市的態度好像不太一樣。

大部分的人是慢慢學、快快做，我是快快學、慢慢做。

　　不到一星期的時間，我自己歸納出了進入市場該做的關鍵功課。從開始買賣到弄懂所有技術分析名詞，大約只花了兩星期，接下來鑽研基本分析的名詞與術語也不超過一個月。

　　不僅如此，這一個月內我還看完兩本投資經典，第一本是《一個投機者的告白》，第二本是《股票作手回憶錄》。

　　在補習班工作一年多的時間，我盡可能的省錢，能夠吃家裡就不外食，想喝飲料用一罐鋁箔包的麥香紅茶打發掉，當我終於存到了快20萬的那一刻，就毫不猶豫的全部投入股市。

　　最開始我接觸的是台指期貨，一口小台兩萬三千塊，一拿到薪水就把錢存進去入金。幾個月之後我辭掉工作開始專職，然後我就再也沒有領過薪水了，就這樣和股市當了一生的朋友。

一千個日子的訓練計畫

　　從我專職操作的那一天起，開始很多朋友問我做股票的訣竅，我總是覺得沒什麼好對人說的，因為一點都不難，我總覺得賺不到錢都是因為太混。我這些朋友有的考上醫生、有的考上律師，我常對他們說，只要認真靜下來研究，做股票一點都不難。

　　直到我2014年寫部落格分享專職操作經驗時，才開始接觸到自己以外各式各樣不同的投資人，我慢慢發現認真操作的人其實不少。只不過那個時候的我專注在追求個人自由，所以我在寫部落格三個月後，就開始規劃帶著全家一起環遊世界的瘋狂計畫。

後來進了加護病房，也改變了我人生的整個方向，我決定讓更多的人能夠在股市裡得到自由。

因此我在2015年訓練了一批素人操盤手，我除了希望這些學生都能在股市順利賺錢，我更好奇大家能在股市賺多少錢。最後，我也想知道那些性格的人能夠賺最多，哪種性格的人則是爆發力最強……

關於這些，我有太多想了解，所以在那一次訓練完以後，我和他們定期聚會見面，交換心得、定期紀錄、後續追蹤，我也將這個過程拍成影像記錄下來。

就這樣追蹤了四年，超過一千多個日子的經驗，讓我收集了可能是全台灣最大量的素人操盤手資料庫。

我終於發現了一般投資人在股市獲利與虧損的部分真相，這個研究並不容易，目前也還在持續地進行中，我期許自己有一天一定要找出全部的秘密。

當年第一批訓練的學生裡面有，工程師、醫生、教授、公務員、學生、也有退休族。有人操盤資金只有20萬，有些人卻有上千萬的操作資金；有些人以專職為目標，有些人卻從來沒想過要離開職場。

根據我在2017年的統計，即便第一批訓練的學生有七成都是獲利，但卻仍有兩成多的人績效很不穩定，有些人是明明有好機

會卻不敢下單，另一種人是遇到機會下的太大太重，捨不得按照計畫把錢丟進去。

所以我後續找了這些學生持續做訪談跟指導，發現他們技術雖然足以賺錢，但是內在強度不足，此外他們操作方式可能不適合個性或生活型態。從指導這些學生的過程中，我終於發現最重要的真相：**在股市獲利只能用個人化的方法。**

搶救股民大作戰

我直覺對股市多年的認識，能給投資人的幫助應該遠不只如此，我能玩的遊戲應該還更多，我更希望提供最真實的股市資訊給大家。

在2018年我開始了自媒體計畫，《JG說真的》這個頻道第一季的《搶救股民大作戰》是我用一對一指導的類實境秀方式呈現，裡面的股民一半是新手，一半是老手，但在股票市場的認真卻沒辦法幫助他們賺到錢。

另外，我採訪的股民都有一個共通點，他們同時也都是無良股市課的受害者。

這些股民都很認真，雜誌就不提了，書都買過不少，也會付費訂閱，甚至每個人花大錢去上標榜「輕鬆賺、穩穩賺」的股市課。但過了幾年，他們口袋裡的錢不僅沒有變多，賠一屁股的則

大有人在。

有個股民花了 30 萬報名，在上課當下就覺得自己被騙，因為至少超過 90% 的內容在書上就找得到，難怪投資人上越多課賠越多錢，上了課反而更生氣。

原來，大家賠錢不是因為不用功，賠錢是因為被誤導了，然後往錯誤方向過度用功。

還記得我剛進股市，站在書櫃前的那些內心疑問嗎？

「大家都看一樣的書，怎麼做才能成為萬中選一的幸運兒？」

「作者若真的是贏家，每麼可能把擊敗其他人的祕訣公開讓我學走？」

「即使作者真心讓我學走他的祕訣，我又憑什麼比看過同樣書的其他人優秀？」

「有位退休的阿姨家裡也放了滿坑滿谷的股市書，但她為什麼總是賺不到錢？」

「我有比華爾街的那些天才聰明嗎，贏家為什麼是我不是他？」

我相信只有出一本心目中真正夠格的股市書，才能回答當年我在書櫃前問自己的這些問題。

　　要成為贏家不在智商、不在身上有多少錢跟時間、更不是多認真或學到什麼神奇招數，而是有沒有「看對正確方向」，甚至必須「反過來看」。

　　我希望這本書能讓大家徹底搞懂「反市場」的觀念，因為這是我相信能夠一輩子長期致富的股市真相。

　　進入本書前，我打算先告訴大家「JG 八原則」。

【 JG 八原則 】

1. 股票市場就是賭。

2. 務必和股市預言保持距離。

3. 財報選股，離暴賺實在太遠。

4. 暴賺，是最健康的股市態度。

5. 當然要知道輸家的下一步。

6. 「優勢」為輸贏之間的最大分水嶺。

7. 贏家第一課，「風險報酬比」。

8. 要賺一輩子，一定要有全面性的操盤力。

　　這是我綜合自己專職操作生涯的結果，也是訓練了無數學生的經驗總和。這些原則除了可以讓大家更快掌握「反市場」思考，穩定報酬率之外，也是我認為最容易在股市致富的共同基礎。

　　這些原則也會呼應本書所有內容，想了解完整細節的朋友，可以先翻到第八章。

第 **1** 篇

「反市場」：
股市致富之道

輸 家

鑽研技術
預測股價
恐懼賣出
只求穩定
衝動下單

反市場

主流思維

贏 家

享受策略
掌握人性
不怕不買
賭對暴賺
鍛鍊情緒

「運氣重要嗎」?

在我病發前，我對運氣這件事情其實沒有那麼的肯定。尤其在每次獲利了結後，我總是相信自己做了最聰明的決定，所有報酬都是理所當然。

2014年，我做了一個對人生有極大影響的決定，我想如果沒辦法像投資大師吉姆‧羅傑斯（Jim Rogers）那樣擁有一家自己的基金公司，至少我可以像他一樣環遊世界，除了可以不用被時間限制，我也不用被空間限制住而待在電腦前，我想自由的移動，得到屬於操盤人的絕對自由與任性。

我帶著全家人出發，在美國東岸待了兩個多月，忽然間我想家了。正當飛機落地台灣時，我突然感覺身體不適，兩天後送急診，隨後進了加護病房。我得了免疫系統的疾病，無法說話、全身不能動、甚至無法自主呼吸，醫生說有兩週的觀察期，如果兩週內看得到恢復跡象，那就不用擔心。

五個星期過去了，一點好轉都沒有，我想，「死定了」。

當我躺在加護病房的時候，身體沒有一處可以活動，但在這58天裡面，想脫離這種極端痛苦，唯一的方法就是「思考」。

在這段日子裡，我思考了很多：人生、小孩、當然還有股市。

有一天，我的身體突然有了起色，而且每天以驚人的速度在復原，醫生護士們紛紛恭喜我說，若不是意志力很強，病情不會

有這種大幅度的轉變。

我知道自己的意志力向來都很強，但我不禁懷疑，真的是這樣嗎？

在這整個發病到復原過程中，我經歷了一連串的巧合：

我是在下飛機的當天瞬間發病，發病時我人在台灣，而不是紐澤西的公路上。

本來以為是單純的中暑，完全沒想到要去醫院，我是到醫院半小時內昏厥急救，昏厥過去時我人在醫院而不是在家裡。

更不用說，在我想放棄時，家人在我身邊給我無限勇氣。

整個回想起來，這一切都是上天給我的好運，人生誰能不用到運氣？那股市交易呢？我能賺這麼多年真的是單純靠實力，或者其實也靠了不少運氣？

一場大病，讓我徹底清醒，我的運氣很好、甚至說太好了，我仔細回顧過去的操作，我發現「掌握到好運」，是我操盤賺得快的關鍵原因。畢竟我的買賣一直都不是仰賴神準的預測，我做的所有動作都在試圖「放大好運、避開霉運」，這讓我在倒楣時賠不多，而當我拿到好牌時，賺到比其他專職操盤人們還要多上許多倍的報酬。

掌握運氣很重要，但大多數贏家都會刻意避開這個問題。

很多人都有在賭場拿到好牌的經驗，更何況在股市能遇到的好運遠比在賭場還要多更多，在股市，好牌每年每月都不斷出現在我們的眼裡。而**身處在股市的我們，最應該做的就是規則化這些買賣邏輯，先「假設自己有好運」，然後盡可能一波賺到爆就行。**

這一篇要跟大家分享我的買賣世界觀，介紹我如何實戰做到「放大好運，暴賺一筆」。

第 1 章　股市的兩種暴賺模型

　　剛進股市的新手賺錢的期待有兩種，一種是希望賺很快，另一種是希望賺很久。

　　想賺很快的新手基本上都是覺得自己能夠掌握到短線的訣竅，透過快進快出來獲利。也因為這樣，大家越做越短，期待能像日本新生代股神BNF那樣，從一無所有靠著股票當沖累積數十億的本金。

　　希望賺很久的仿效對象不外乎是股神巴菲特，希望靠著長期穩定的獲利來達到財富自由，所以覺得賺錢只要慢慢來就行。

　　我長期跟許多一流玩家們交流，也不斷接觸著各式各樣的投資初學者，我發現絕大多數的股民若是太執著在「賺得快」、「賺得久」，很容易會遇到實際執行上的問題。

　　其實這兩個路線並沒有錯，而是大多數人都覺得自己可以很科學，可以「不看運氣」，我想跟大家說，用這種態度面對股市，實在是有點太過嚴格了。

　　在任何領域想要獲得極致的成功都需要一點運氣，例如在台

灣靠房地產致富的大部分人，其實是因為剛好有錢買，而不是因為擁有一流的房地產眼光去買下來「投資」。即便是世界首富巴菲特都承認，他們團隊買進喜詩糖果、可口可樂等公司時，壓根都沒想到會暴漲成這樣。

當我越花時間去分析這些所謂的贏家，我就越驚覺這些人之所以能在股市賺這麼多錢的關鍵，並不在他們買進前的眼光，而是他們買進後怎麼去「處理」它。而所有這些超級投機家的共通點就是，在運氣好的時候能夠賺到翻、賺到爽，在運氣不好的時候可以盡量賠少一點、或者不賠出場。

寫到這裡一定有很多人聽過，這就是所謂的「大賺小賠」，可惜這四個字的真正關鍵在於「如何做到」，這也是大家比較少提到的執行面問題。

如何做到「大賺小賠」

談到執行，我要先跟大家談談自己的交易生涯，我這輩子90%都是交易兩大商品：期貨跟股票。

我剛進場的時候是操作期貨，因為我的資金小而期貨槓桿大，所以目標就是想要翻倍翻倍再翻倍，期貨可以讓我們交易十倍槓桿的商品（10萬的資金就可以操作100萬期貨），既然有風險，所以首要目標就是賺爆它，這種方式屬於小資金時期的大槓

桿暴賺。

　　既然期貨這麼好賺，為什麼後來會想做股票呢？當我預期我下一波資金要超越8位數的時候，我也開始準備建立家庭，因此我當時心裡想的是：「如何不要承擔太多風險還能讓資金繼續擴張？」

　　此時，算是我人生中第一次有穩定的念頭。當時的我跟大多數人想的一樣，覺得投入股票就是「穩定」擴大財富的正確道路。

　　只是沒想到當一有想要「穩定」的念頭，這個看似合理的改變，卻讓我的投資生涯進入煉獄期，績效開始停滯不前。

　　原來「穩定」兩個字，讓我陷入了「不靠運氣」的迷思。

把運氣發揮到最大「累積暴賺」

　　我開始思考一件事，如果堅持穩定這麼複雜，倘若人的一生終究需要一點運氣，為什麼不想辦法研究如何「把運氣發揮到最大」呢？

　　這個領悟讓我的買賣戰術再次大轉彎，開始把所有我在期貨「運氣放大」的操盤方式用在股票上，如果運氣好就要賺到最大，如果運氣不好我一定要逃離現場。

　　我重新定位自己的操盤觀念是一種「累積暴賺」，這裡指的暴賺並不是一蹴可幾的瞬間大賺，而是一種符合人性並善用運氣來交易的精神。我接下來想跟大家細談，自己是如何一步步從過去的「大槓桿暴賺」，走到今日的「累積暴賺」。

1-1 | 我的股市人生三階段

回顧我十幾年的股市人生，大概分成三個階段：

第一階段：一年賺三倍（大槓桿暴賺）

第二階段：一年賺三成

第三階段：三年賺一倍（累積暴賺）

　　第一階段我打算從市場翻身搏命，我在想，股票市場輸家占九成而贏家只有一成，這個比例很奇怪，如果漲跌的機率各是50%，那輸贏為什麼不是一半一半，而是輸家佔了這麼大的比例。一定是贏家有一些不為人知的關鍵技巧，那既然無論是做期貨還是股票都一定要掌握這些技巧，那我當然選賺得快的商品，也因為這樣，2006年底，我正式進入了台指期貨市場，其中有兩筆關鍵交易幫了我的大忙。

　　第一筆在2007年5月中，我做期貨，用波段＋當沖的買賣賺了將近九倍。

　　第二筆在2007年8月底，我同樣也是靠期貨用波段行情賺了將近兩倍。

　　大家不要認為這很誇張，其實在期貨市場這是很正常的，因為期貨是大槓桿市場，一千點的漲幅本來就應該賺到一倍以上。到2007年到2008年初之間，我的資金有幸從20萬增加到將近400萬，當時我是股票期貨都做，但以期貨為主。

　　我相信大部分人都會覺得，單靠20萬去賺到這麼多，那承受的風險一定很高。對，的確風險比較高。至於風險有多高？事實上我的操作在期貨界可能只是算低風險一族，我抓的是如果遇到連續三天跌停板，我的資金至少還能剩30%。

　　連續三天台股跌停板的機率其實非常小，事實上從2004年到現在已經過了15年都還沒有再出現。有些人說不能認為自己永遠好運，我也從不認為自己會永遠好運，我只是認為沒錢的時候本來就需要運氣幫忙。很多人都說年輕就是本錢，那當然要趁年輕的時候一拚。

　　剛剛提到風險，我方法的報酬率有個先決條件，就是每次進場至少要有600點行情我才有賺到錢，而如果市場有機會漲到1500點我就有機會可以翻上超過五倍。斟酌過風險和報酬以後，我覺得很值得，撇除股票的錢，我從剛進市場到2007年12月這段時間，因為冒著值得的風險而拿到了對我來說很重要的獲利。

此時我開始想，雖然做補教老師的收入很微薄，但現在身上已經有400萬，此時我到底是該繼續承受這些壓力及風險，還是說該讓自己稍作休息、開始轉往穩定？

因為專職操盤的生活比任何人都自由，所以一個月三萬已經夠用，我決定邁向專職人生的下一階段。但同一時間，我想把風險稍微降低一點點，報酬率也開始不要求這麼高，所以我開始練習做股票。

成家立業的穩定陷阱

因為我每個月的花費不高，所以我開始把部分資金挪到股票。在股票的部分，我設定是一年賺30%即可，於是我開始了一條新的股市探索之路，我把它稱為「高出低進」時期。

我剛進市場鑽研的是波段操作，前面提到我做期貨至少都要抓600點到1500點的行情，只要真的有漲，我一定可以賺到50%甚至3～5倍，這是我最擅長的技術。但股票市場不一樣，根據我研究股票市場得到的結論，大盤即使漲了一兩千點，所謂的「好股票」可能也只有30%的漲幅而已。也就是說，若我們把順勢交易（詳細說明在第2-2節停利篇）的概念用在買股票，可能一波行情只能賺到20%。

　　我心想，做股票賺到的錢，比起以前一波可以賺一倍以上績效真的差太多了，所以做股票絕對不能順勢操作。既然做股票想要穩定獲利，我一定要想辦法「高出低進」。

「高出低進」的買法圍繞在三個觀念：

1. **買黑不買紅，賣紅不賣黑**
2. **只買龍頭股**
3. **不順勢操作**

　　我這時期很擅長「逆勢賺價差」，不求賺多，但求勝率高。因為搭配股票，期貨操作也變得更有耐心，最開始資金的比例大概是3：1，三百萬做股票，一百萬做期貨，就這樣過了幾年，資金終於突破八位數，我也順利買到人生第一間房子。

　　而我的操作，也因為買了房子後開始有變化。

　　可能因為有房貸、家庭等壓力，我開始變得越來越保守，越來越想要穩定，我每天都在研究更深入的技術想突破自己，認為一定要能預測、一定要很準才行。回想起來當時的瘋狂程度，簡直是想成為技術分析之神，可是不管怎麼研究，股票一年始終都只有30%的獲利。

因為很怕賠錢，我開始想要分配我的資金到相關性較小的市場（相關性小彼此間的影響就不大，長期下來獲利會變得比較穩定，但績效會比較差）。

當我花時間下去研究如何穩定，才驚覺這是一條不歸路，學術論文要看、研究報告要評估。而且當幾個我認識的「穩定贏家」相繼殞落後，才發現他們所謂「穩定」的績效都是暫時的，其實是一種生存者偏差。有些人或許在過去的三五年看起來很穩定，可是不到終點超過一半都開始失控。最後我有個結論：想要做到「不靠運氣的穩定獲利」真難，我在想，乾脆拚一點好了。

「難道我要把錢全部搬回去做期貨嗎？」

我不只一次想過這個事情，我是天生的冒險家，我懷疑自己花時間研究股票其實不合自己的天性，浪費生命。可是此時各種社會壓力纏身，自己不願意回去職場了，想出一條更可行的路我想是勢在必行。

2012年以後，我走向了一個全新階段，我終於找回當年期貨暴賺的自己，我決定把格局提升：**做股票也要暴賺**。

三年一倍的兩種可能

其實，雖然做股票一年要賺30%的機會多的是，可是想要實際做到非常難，依照我的策略用在股票市場的話，停損一次賠

5%，而賺錢一次頂多40%，我思考了很久，如果遇到突發狀況例如國際局勢大崩盤，那麼即便是我，一年真的有可能連三成都賺不到。

直到我腦袋一轉，海闊天空，我**不要設定一年賺三成，改成「三年賺一倍」就解決了**。

我知道聰明如你一定會想，三年賺一倍和一年賺三成，不是一樣的嗎？

我以這幾年來的親身實踐跟大家說，真的不一樣。**一年賺三成的壓力大難度高，三年賺一倍的壓力小難度低；一年賺三成比較靠技術，三年賺一倍只需要一點點的「小運氣」幫忙。**

改成三年賺一倍的好處是，我終於可以接受自己「買在低點等起漲」，用時間換取空間，用等待降低買賣準度的追求。

無論是用基本分析、技術分析，這幾年很流行設定兩至三成的報酬率，可是因為報酬率設定得不夠高，所以合理的停損當然也要符合風險報酬比才行。但停損一旦設定的太低（例如7%），那豈不是很容易會被掃出去？想想看，一檔股票假設是100元，跌7%跌到93元我們就要被迫賣出的機率太高了，這意味著我們買點要非常精確，我們的買點要在7%以內定勝負才行。

而且大部分設定一年要賺三成的人，都必然會因為買賣邏輯而頻頻換股，買賣次數多心魔就容易大增，交易成本也多，這不

會是個好主意。

但改成三年賺一倍就不一樣了，雖然時間拉長，但停損相對也可以變大，而且可用的策略變多，不用要求一買就漲，只需要逢低布局，買賣的難度瞬間大大降低。更不用說生活瞬間變得無比輕鬆，因為我開始不在乎去賺蠅頭小利，而這種作法才符合一流玩家的健康狀態。

更讓我意想不到的是，只不過是把目標改成三年賺一倍這個看似結果一樣的決定，卻讓我有了不可思議的績效改善，我從來沒想過做股票可以幾個月就倍翻。

在這時期我好幾次在低檔買進，本來打算至少擺個三個月，結果不到一個月股價就起漲了，明明財報沒有變化、公司也沒有新消息，但股價走勢卻完全不講理，當股價第一波起漲，再過一陣子就開始聽到很多好消息，接著股價就一去不回頭了，這真是令人熟悉又愉快的節奏。

我的買進模型改成設定三年賺一倍，可是反而出現一年賺50%的成績，甚至運氣好的時候，一年半股票就翻了一倍多。

我學到最寶貴的一件事情是，**不去強求抓住股票的漲跌時間，獲利會更容易**。也一直到了這個時期，才放棄追求技術分析之神的境界，不去預測股價何時會漲、何時會跌，此時的我更專注在「獲利」，因為預測能力不等於獲利高低。

最後，我專注在三點，讓我可以實踐三年賺一倍的累積暴賺精神：

1. 靠「反市場」找期望值最高的點買進。
2. 只挑選有「重大改變」的公司。
3. 不斷增強我的持股能力。

這三點最終轉換成一個可以長期致富的「暴賺公式」。

「看對、下大、抱住」

我發現——

當我們的心想要暴賺，等待好機會買進的耐心就會變多；

當我們的心想要暴賺，挑選的公司就會完全不一樣；

當我們的心想要暴賺，交易的次數就會變很少。

而原來，這才是最舒服的股市之路。

1-2　對運氣的信仰，決定成為哪種股市贏家

　　近代最有名的新世代操盤人就屬日本的BNF，根據他在網路上的訪談以及我對他的研究，他的買賣方式是屬於徹底不講運氣的極端技術派，他主要做「當沖」，靠著短期間的大量買賣累積獲利，從大概30萬台幣起家不到七年卻擁有了數十億的資金。

　　當沖和做波段的差別是，當沖完完全全要靠超高勝率才能快速獲利，而做波段的，勝率不高也能致富，這是兩種完全不同的獲利模型。

　　要如何判斷自己是不是天生的極端玩家呢？

　　有個簡單的標準，看你是不是一碰股市就認為交易是個好玩的遊戲，並且很快上手，每天只盼望趕快開盤可以進場去玩，接著大把大把的獲利，享受贏錢的成就感。

　　但如果對你而言，股市交易不是這樣一個好玩的獲利遊戲，我會建議你千萬別去模仿這些高難度的獲利法。而且，即便無法成為極限玩家，你也不需要對股市灰心，因為在這個章節，我會介紹兩種贏家類型給大家參考。

務必找出自己的贏家風格

撇除剛才提到的極端玩家之外，包括我在內的許多贏家是走另一種路線，可以說是大賺小賠的運氣型，實力型、運氣型沒有說哪一派一定賺得比較多，但我希望你在進股市以前先知道自己適合哪一種風格。

技術 ＼ 風格	實力型	運氣型
短線	極端玩家	大槓桿暴賺
波段	穩定高手	累積暴賺

實力型＝純粹靠實力

運氣型＝運氣來臨時大撈一筆

以我目前翻閱到的股市書來說，多數人都會推崇所謂的穩定，這類穩定高手大部分認為股市可以純粹靠實力，認為可以不靠老天就不靠老天。他們把壓力盡可能的擺在自己身上，我以前也是如此，但這樣真的太累了。

其實我在操盤人生第一階段的時期，我同樣在追逐極端玩家的操盤路線，直到後來弄壞身體後，我開始打算往「一年穩定賺

30%」這種超穩定的方式邁進，但後來發現太穩定並不適合我的個性——事實上可能也不適合大多數人——才逐漸發展出最後階段的累積暴賺（運氣型）。

所謂運氣型有個主要精神：「拿到好牌時狠撈一筆。」

我相信大家都有打牌的經驗，也一定知道人不可能永遠只拿到壞牌，總有拿到好牌的時候，在股市這個賭局也一樣，你一定拿過這幾種好牌：

1. 選到一檔年漲50%以上的股票
2. 一買進，股票就漲
3. 買到趨勢一直向上的股票

只不過，大部分人的即使拿到好牌，卻不知道怎麼打好。

儘管選到漲幅50%的股票，可惜買進點錯誤、太早賣出、買不夠多……

也有可能湊巧買到一買就漲的股票，可是漲一點就賣、有賺錢不賣卻等到賠錢才賣出、漲一點賣出後看股票大漲不甘心卻逆勢放空……

更可能是買到趨勢一直向上的股票，但因為別人漲比較快就把它給賣掉了。

我們在股市不可能只遇到壞事，好事我們一定也會遇到，拿到上面三種好牌就是股市中的好事，當遇到好事就是要大賺錢的時候了。拿到好牌後還能讓它持續發酵，就叫做好的策略，而運氣型的贏家最重視的就是策略，他們不需要過度重視準度和技術，也不過分要求穩定。

這些年的訓練經驗，讓我發現大部分股民是上班族跟專業人士，甚至有人已接近退休階段。他們大多不甘心讓資產成長不動，嚮往有暴賺的機會，但也希望有個輕鬆的交易人生，不過基本上這些目標是互相衝突的。

他們之中極少人個性像極限玩家，時間與精力也不容易做到穩定，但在接受訓練後，很多人願意都往「運氣型」邁進，做到我說三年一倍的累積暴賺，而實力型的人如果善加利用運氣，好手氣來臨時更有機會大賺一筆，這就是實力型融合運氣型的做法。

其實，任何人在股市賺錢的人都需要運氣，但大部分的輸家卻不認識運氣與實力的差異，因此做不好「運氣管理」——遇到好運的時候因為太貪心太晚出場，導致沒辦法賺到，遇到厄運時又過度相信自己的實力或有不合理的預期，希望上天能多給點好運，最後凹單無法認賠殺出。

當你對運氣有了全新觀點，再結合反市場操作哲學，你的股市獲利將有天翻地覆的變化。

在下一篇，我希望大家先理解基礎的買賣技巧，也就是所謂的停損、停利、風險報酬比、還有分批跟加碼。

買賣做得好，不但能讓我們悠遊自在的做好「運氣管理」，更是實踐「反市場哲學」的前奏。

實例分享 1

三年賺一倍操作，脫離房貸陷阱

穩定高報酬的專職陷阱

阿威在認識我之前，本身是以做短線為主的投資人，他說自己每天短進短出壓力非常大。在接受我的訓練一段時間後，才真的放下了極端玩家的追逐心態而轉做波段，也因為阿威日常花費並不大，所以光波段操作就足夠每月開銷，而且換來更多自己可支配的時間。

轉做波段的他不但時間變多，心情也更放鬆，他重新活得像個年輕人，常參加社交活動。某次出遊他遇見一個體貼又談得來的女孩，兩人交往一陣子後，他有了成家的想法，也開始出現買房子的念頭。

想買房當然就會有房貸壓力，他認為現在的能力既然已經到了，只要再改回當沖，這樣就可以有固定的入帳來繳交每個月的房貸。

很多人在波段做得順以後會這樣想是正常的，阿威當然也會這樣想，既然有著先前的當沖技術加上累積擴大的資金，應該可以很容易做到「穩定高報酬」。

但當他一回到當沖，又開始渾身不對勁，隨著資金擴大，他承受著比以往大上十倍的波動，以前一天頂多幾萬上下，現在當日賺賠每天都是十幾萬起跳，阿威的睡眠品質開始一天天的變差。

雖然他想很穩定，但不穩定的事實也擺在眼前，他回到當沖不到兩個月，就賠上了一個令他無法承受的數字。

他問我：為什麼短線技術好，卻沒辦法克服心魔？

這是所有優秀交易者、尤其是專職操作者都會遇到的大關卡。

遇人生大事，要換暴賺模式

因為人生階段的變化，專職操作者在一些時間點選擇結婚、生子、買房，會想轉變成穩定高報酬，於是改變操作方法。這非常實際，但對交易的心態卻往往是個大傷。

首先，雖然阿威的家裡在頭期款方面有幫忙，但他自己要負擔的房貸部分，會讓自有資金只剩下一半。

這就導致第二點：資金變小還要原來的高報酬，一旦任何人有這樣的「穩定高報酬」期望，那操作可能就此完蛋。

進股市十幾年以來，有太多太多的人問我一樣的問題：為什麼JG的交易可以這麼穩定？

這裡說的穩並不是每個月穩定賺錢，而是「下單穩」。每一筆交易看起來都這麼淡定。該買就買，該停損就停損，最難的是，不該下手我絕不進場。

做股票如果希望要報酬率高，怎麼可能穩定呢？要大賺又能穩定，沒多久就超越巴菲特了，這是沒道理的事情。

我跟阿威說，想要有高報酬又要穩定，於是去改變操作方法，就是他現在遇到瓶頸的原因。

雖然做波段的他資本並不高，但績效卻很不錯，至少是一路從30萬的谷底爬起，到現在竟然已經將近十倍的存款。

我要他回想，現在跟過去做當沖有什麼不一樣？

他說需要固定大筆支出的心理機制，讓他控制不了恐懼與焦慮。他覺得自己的技術應該做得到，但又擔心明天沒行情，會不會賺不到；如果明天沒賺到，他後天就打算用更複雜的技術。這些內心衝突讓他開始失眠，而失眠恰恰是短線當沖的大敵，精神不佳就更容易失誤，陷入惡性循環。

要克服這個瓶頸，我第一步需要和他溝通的，就是讓他內心重新面對「股票市場就是賭」這第一條JG原則。

接受這個觀念，是要讓我們徹底擺脫「可以穩定」這個幻覺。

我懷疑他早已忘了我說的話，他似乎漸漸的把股票交易當成和開早餐店一樣。早餐店是「有做就有錢」，但股票市場不一樣，我常提醒自己，做股票要大賺特賺，獲利都是「老天賞臉」，我也把這句話送給阿威。

「老天給的」的意思，是指要有波動我們才能賺錢。

波動大，賺大的，波動小，不賠就偷笑，這是每個交易者都該看清的事實。如果沒有波動，那麼我們將無利可圖，如果行情死寂不漲不跌，所有方法都終將失效，這是強求不來的。

有沒有「看老天」這種認知，將會是兩種不同的哲學：

第一種：我賺到錢是我知道有行情，我覺得這裡「一定
會漲」。

第二種：我賺到錢是我剛好賭對了，我不知道「這裡會
漲還是跌」。

第一種心情會變得自大，第二種心情會讓我們懂得尊重
市場。

**JG 八原則裡開宗明義第一條：「股票市場就是賭」，就是
要大家對股市抱著正確的心態。**

**雖然股市和拉斯維加斯這種真正的賭場還是很不同，但
一樣的地方是，千萬不要認為可以「穩定」。**

想要穩定？

今天當沖賺三千，明天沒行情就會硬要進場而賠回去。

這星期沒賺錢，下周如果沒行情就會硬要進場而賠回去。

溝通完賺多賺少是「老天給的」以後，接下來我跟他溝
通心理層面，要盡可能遠離任何產生「現金流壓力」的事情。

　　我通常對所有專職交易者最大的建議就是：先不要買房子。結了婚哪怕是租房子，甚至繼續跟父母住也好。

　　我知道大家都想要穩定，也非常認同有些贏家真的能做到長期穩定（其實穩定的難度非常高），但很多專職操作者手頭資金的操作足以謀生，生活品質也不錯。

　　但他們面臨的關卡是：資金如果繳完頭期款，剩餘部位便難以維持每月生活費＋房貸。

　　沒達到以上標準前，任何想成家立業的專職操作者，在我看來都等同於一無所有的打拼期。如果高估了自己技術，覺得能做到穩定高報酬，就會誤判形勢造成生活壓力，這會讓本來頗適合操盤的你，瞬間進入不必要的人生煉獄。

　　以阿威目前的資金水位，我給他的技術建議還是繼續做波段，不要心急，每年絕對有機會抓到幾個好買點，買進後持有半年度甚至一年來抓暴賺。

　　當然我也知道年輕人還是會心急，因此我同時請他挪出一個他心理能夠承擔的資金部位，拿來做大槓桿的操作，不管是短線或是期貨都好，主要資金部份則照我常建議的累積暴賺，將目標拉大到三年賺一倍。如此一來，交易心態開始變得比較穩，重新進入良性循環。

　　這個方式叫做冒險資金：把大槓桿暴賺心態分配到心理能承擔的小帳戶，管理想賭的衝動。

　　現在正是 2019 年的 5 月，中美貿易戰開打得轟轟烈烈，這波下跌幾乎沒有多單買點，我的訓練也以做多為主，因此我大部份學生不會輕易放空。我問了阿威，他沒有硬進場，目前是空手。

　　改成做波段的他，目前的操作資金已經來到五百萬大關。他說不買房子以後，加上三年賺一倍的觀念，操作真的輕鬆很多。我期待他可以早日買到自己想要的房子，但實際上需要多久，你們知道的，三個字：看老天！

第 2 章　J派買賣原則

2-1　停損

我想先談,「為什麼我們需要停損」?

市場上對停損最流行的說法,是為了防止虧損擴大,但我希望大家換個角度來看停損。我認為賣出賠錢的股票,更重要的是為了讓我們掌握更多更好的機會,讓我們把握未來的大好買點來賺取暴利。

這兩種是完全不同的心態,一個是怕賠錢,一個是為了要掌握機會。

人的本性是不希望面對損失的,這也是為什麼我們常常不願意停損出場,總之知易行難,因為一出場我們就必須「承認」自己錯誤,一賣出賠錢的股票,就等於宣告自己真的看錯了,宣布自己這段時間是白忙一場,這的確很痛苦。

在股票市場,我們總會情不自禁的和他人分享自己對於標的的看法,分享自己的買進價位,甚至會跟其他人說未來的漲幅可

能會到哪裡。這些都是不必要的情緒負擔，都是讓我們會去凹單不想停損的原因，畢竟如果賣出後就大漲，那不就「可惜了」。而我現在，就是希望正在看這本書的你去扭轉這個「可惜」的心情，進而成為股市裡最冷靜的一群。

前面提過，對我而言每次買進股票都會設定停損，而這個停損就像是一種「進貨成本」，也就是說，這筆停損的錢，是在買進的當下我就想好的「花費」。用生意來比喻，我們可以把它想成做生意的營業稅、開店費用或人事成本。總而言之，停損雖然還沒發生，可是我希望大家把它當成是一筆買機會的費用。能想通這點，停損點的設定會變得更合理，執行起來也會變得更容易。

我一點都不怕停損，對我來說，停損就是股市的入場券而已。

買進前該做好的心態三步驟：

1. 設定停損點
2. 把停損點當成進貨成本，出場前就要當作這筆錢已經消失
3. 清楚這個停損點位的「實際意義」

剛才已經把前面兩點說的差不多了，現在我們就來談停損點位在操作上的實際意義。

傳統停損的主要目的有兩個：

1. 保障資本
2. 設定一個可以知道自己看錯的價位

關於第一點我前面已經說過了，我希望把停損當成把握機會成本而非虧損，這在心理學上面的意義大不相同，一個是負面情緒，一個則是正面意義。人要認錯難，但大部分的人都能樂觀面對明天，這是執行面上的問題。

但第二點卻是害人最多的地方，就是**傳統的股市觀念把停損點當成一個「判斷自己看錯」的價位，我希望大家在讀完這章後，徹底丟掉這個觀念。**

舉例來說，假設我們決定買進智邦，買進成本在130元，而大部分的人停損都不會設的太大，我假設停損點設定在10%，也就是117元（130-13=117）。在這個設定下，大家會認為「如果跌10%，就代表我錯了」。

大家覺得這個想法合理嗎？很奇怪的是，雖然不合理，可是大部分的人還是聽取這樣的建議，並且用這個方法來評估自己手上的標的。

剛才提到在130元買進智邦,其實這就只是我們自己的買進成本,和智邦這間公司一點關係都沒有。

股價從130跌到117,會影響這間公司的經營能力和財務狀況嗎?

股價從130跌到117,會影響5G產業的未來、甚至影響公司營收嗎?

股價從130跌到117,會影響大股東全部賣出、公司倒閉嗎?

其實都不會,那為什麼設定10%之後,就可以認定自己「看錯了」?當然不行啊!

停損絕對不代表自己看錯

剛剛那些公司營運狀況、產業趨勢、股東動向,才是真正的賣出理由,跌多少根本就不重要。我並不是說不用設定停損,對我而言設定停損的意義是「為了讓自己把握其他的賺錢機會」,但停損絕對不代表自己看錯。

還有一派是用技術分析的角度來看股價,例如傳統技術派認為股價如果在月線或季線之上,表示公司營運不成問題很安全,如果跌破季線就表示公司有問題,最好先跑一趟。但說到這裡,我相信聰明如你一定也會想到,跌破季線頂多就是股價跌,無論跌破什麼線都和剛才說的重要營運狀況完全無關,我們怎麼可以

認為跌破月線或季線，就代表公司營運狀況有問題呢？

如果你用這些雜七雜八的方法停損，那當然會在股票市場敗得一塌糊塗，因為大部分的價位設定一點都不重要，他們和公司本身也一點都沒有關係。

設立「心理停損」保持冷靜

除此之外，我個人也很建議把一個東西設定為停損點，就是「賠多少你會不舒服」，也就是心理停損。

有些讀者可能心裡會想，賠多少會不舒服，這不是和公司經營無關嗎，為什麼JG會建議我用這個方法設定停損呢？

是的，和公司營運無關、和財務狀況無關，這個做法是和我們自己的心理狀況有關。

股票市場是一場心理遊戲，一旦無法保持冷靜就會賠錢，一旦虧損大到會讓我們害怕，這場遊戲就注定輸去。所以我們的買進賣出的方法、金額都一定要讓自己保持冷靜，所以設定一個自己賠到會害怕的金額當成賣出點是很必要的事情。這種做法的精神，說穿了就是：「你願意用多少錢來賭一個股價的未來？」

這是完全撇除預測的做法，如果還是害怕，可以分批進場來更降低風險，分批買賣正是不預測股價的超級策略，想了解分批的操作請看第2-4節。

2-2 停利

接下來要談的是在賺錢的情況下出場，也就是停利。

傳統的停利有分兩種：「公司目標價」以及「訊號目標價」。

有些人對於公司會設定所謂的目標價，以下我簡化一則在108年4月份關於智邦的研究報告給大家參考。

舉例來說，假設有法人針對智邦（2345）出具最新研究報告指出：（引文來源：中時電子報）

外資看好交換器市場以及SmartNIC需求，調高智邦目標價到154元、評等「買進」。亞系外資指出，樂觀看好運營商級智慧網卡（SmartNIC）需求將成為驅動智邦營收成長的動能，尤其是Nvidias近期購併Mellanox，市場也看好將帶動SmartNIC普及化，預估運營商級智慧網卡占去年至明年營收比重預估分別為5%、12%及12%，一舉調高智邦目標價由原先的147元調高至154元。

文中提到，因為樂觀看好營運，所以設定了目標價在154元，這就是用消息和營運面來評估出來的公司目標價。如果是用這種方法操作，那一定要想清楚自己確定是要「跟法人的單」。很多人

認為這很可笑，但這種研究報告其實遠比散戶們自己分析的還要準多了。

只是要用這種方法停利，要先注意一個問題，就是法人持有公司股票大部分只有加減碼，而不會像一般股民全數出清；我們買股票會設定停損，但外資不是這樣操作的。以這個報告來說，4月份智邦的價位大概是130塊左右，報告出了以後最低來到110塊，也就是有15%左右的跌幅，此時法人根本不可能賣出，但一般散戶卻在此時出場賣在最低點，這就是最大的問題。

所以當我們講到獲利出場，如果我們的停利標準是依照法人的建議（假設此機構可信），很好，但你一定要注意自己的買進時機，否則即便是法人研究再準，我們也撐不到獲利來臨。

如果我們能撐到獲利來臨，接下來的該思考的是該不該繼續持有，這也是本篇要提到的人性問題，我希望跟大家聊聊，如何利用正確的股市觀念來做到「快樂停利」。

首先，我們一定要很清楚自己是技術面還是基本面的操作者。每個人都知道JG是技術分析出身，但我卻要告訴大家，技術分析「不可能」算出股票的目標價。

坊間電視或網路上很多教學告訴大家可以用爆大量的點位、甚至股價動能指標或前一波的高點來抓目標價位，這是做不到的。因此，並沒有所謂的「訊號目標價」這種事情。

老話重提的再問一次大家：

股價在幾塊錢爆量，和公司營運有關係嗎？

KD 指標黃金交叉，和公司的未來展望有關係嗎？

大戶籌碼能夠控制一間公司和未來的景氣嗎？

如果都無關，那公司未來的股價又怎麼會和傳統的技術分析有關係呢？根據我自己的實戰統計，當我們找出十檔形態上一模一樣爆量突破的股票，最後股價真的有漲到目標價的大概也不到三成，而這檔股票通常都會是業績真的有起來的公司。

所以若要做到正確的停利，一定要認清一件事情，就是在技術面上沒有任何判斷未來股價的方法，要先破除這個主流迷思。

第二，股票要大賺特賺在股市有兩個軸，一個是持有時間，另一個是買賣效率。前者靠的是持有時間夠長，後者就是買賣之間有效率，而這兩種的停利心態是完全不同的。弄清這兩種，我們就能克服人性。

前面說停損要當成進貨成本，買進前就要當作已經付入場券了，那麼停利，其實就要當成一種免費賭金。

假設 100 萬的股票已經賺了 10 萬，當我們開始面對停利問題時，記得當成我們走進賭場，因為運氣好所以拿了免費的 10 萬塊吃紅，此時我們有兩個選擇：

1. 直接帶著 10 萬離場。
2. 拿出 10 萬的一定比例下去再拚更大的獲利。

大家看到這邊一定會覺得很奇怪，好像停利竟然變成了要不要賭的哲學，而不是一個有固定模式的邏輯——當然，這才是股市裡面沒有人說出來的真相。

一般我們看到的，都是能夠預測股價會到多少錢的資訊，因為作者如果不這樣寫，標題就沒有吸引力。我要再次強調股價不可能有辦法預測，況且不需要預測股價就能獲利，關鍵在於順勢交易。很多人都在講順勢交易，可是比較少人去講順勢交易需要理解的人性，所以我想針對這件事跟大家聊聊。

前面提到的例子，「100 萬賺 10 萬後你該怎麼做」？一個是拿了 10 萬就跑，另一個是拿 10 萬繼續賭更大的獲利。我先就第一種開始聊，也就是「賺 10 萬就跑」所需要的能力和人性難題。

股價上漲有兩個原因，一個是短線買點精準所以買了就漲，另一個是短線上有值得上漲的好消息（比較屬於公司派消息，而

我們散戶當下不會知道）。注意，因為這兩種都是短線，一種是運氣好，一種是買點好，但重點是買完有漲要怎麼處理。

如果你是買點能力強的，常常有辦法在股價低檔時買到股票，照理說你也可以用同樣的技術能力在「相對高檔」賣掉股票，這就是我所謂的買賣有效率，買賣技術強。

如果你是這型的投資人，那先把賺到的錢放口袋是很好的。依照我訓練的經驗來說，很多這種所謂的「買點派」會因為賣出後看著股價又繼續漲而不甘心，最後竟然因為這種不甘心而去不理性的追回股價而虧損，真的太多了，千萬不要。如果你也是這型的交易者，我想說的是你這樣操作很棒了，因為你已經做到了「效率」。

抓到好的買賣點賺到 10%，已經是非常的有效率，這時候我們該做的事情就是等待，耐心等待下次買點。如果你是這型的交易者，下次買進的機會依照不同的技術能力來講，可能要一個月後甚至是兩到三個月。賣出後沒有買點是正常的，千萬不要心急，一急，就輸。

我知道大家這時候可能會想，既然短線準度好，那倒不如多進去買一點股票才賺得快。但大部分的人並不知道，真正適合一般人的股票買進點一個月只有一次，剩下的時間就是只能拿來停利或者等待，要嘛不看盤，要嘛就是等賣出。

　　新手虧損的原因比較複雜，但大多數中老手虧損的原因，就在於停利後又因為急著賺錢，而去衝動買進別的標的。我常跟大家講，台灣股票市場的買點真的很少，只要不是在最安全的地方買，要嘛就是吃停損，要嘛就是本來有賺最後變成沒賺錢。台股的好買點都是情緒造成的超級買點，這種買點非常少。我建議大家，如果賣出股票以後有賺錢，一定要等至少一個月以上、至少跌個兩三百點後，才可以做第二次買進動作。很多人改進這點後，績效就可以突飛猛進。

JG 提醒

　　如果你很擅長抓到短線買點，表示你對於恐慌情緒的掌握度很高，但別就此認為自己的技術分析高強而頻繁交易，務必要等待到下次大殺的時候才可再次買進。

　　既然台灣股市的好買點並不多，所以在台股有一個廣為人知的好方法，就是買進後想盡辦法「順勢交易」。

　　傳統的順勢交易是：找出一條均線例如月線或季線，當股價一直在上面的時候就死抱，當跌破的時候才停利賣出。

　　這種傳統的做法用意是「不吃魚頭，只吃魚身」，其中一種方式就是在股價起漲後，單純靠均線帶著我們出場。

　　例如我們在2015年用70元買進台化，在股價起漲後我們就甚麼都不看，不管基本面、消息面甚至籌碼面，完全靠著均線來幫我們決定獲利，那麼我們可能會在79元的處賣出。但，台化最高卻是漲到了130元，這意味著其實我們買到了一隻大飆股，可是卻只賺了10%多一點就賣出，如果連買到飆股只能賺個10%，這種停利在股市注定失敗。

▲用傳統的順勢交易，即使買到飆股也可能只賺個10%就賣光。　　　　資料來源：Stock-ai

　　這種傳統順勢交易法，其實是源自於國外一個有名的訓練機構：「海龜訓練」。

　　海龜系統是著名的順勢交易系統，當年這些操盤手的確也用了這些方法賺了很多錢，可是很遺憾的，在台灣需要改版才行，

原因是台灣股市和國外有很大的差異。所以停利的方法我希望大家不要單純的比照國外辦理。

相對於美股，台股其實是個震盪市場，漲多就跌，跌深就漲，屬於超級大震盪，看似上漲卻極為艱辛。而美股卻是個超級大多頭市場，回頭看只要有下跌都會很輕易地漲回來，而大多數的情況是頭也不回的上漲。光是這個差異，海龜順勢交易在台灣就寸步難行，有別於傳統，我會建議大家用我J派的「賭博式停利」。

◎美股 vs 台股比較

▲美股像個不可理喻的火箭向上。　　　　　　　　　　　資料來源：Stock-ai

▲而台股多年來卻只是在大區間徘徊震盪。　　　　　資料來源：Stock-ai

　　而我這裡提到的「賭博式停利」，就是用股票的「一半漲幅」當作賭注的停利法，這是我覺得每個人都能在台股賺錢的有效方法。

　　而其中的訣竅，就是無論你是用基本面、籌碼面還是技術面，每次買進都要預期股價會漲很多，否則絕不買進。請注意，如果你的目標不是想和我一樣要暴賺，那麼「賭博式停利」就不適合你。

　　如果你也認同在股票市場就是要暴賺，那我們已經有共識了，而在這個前提之下，一半漲幅的「賭博式停利」就是為了彌補大家在判斷能力上的缺憾所發明的超級策略。

　　以上面台化的例子來講，剛才有提到，假設在紅線處70元買進而用均線當作進出依據的話，很可能會在79元就獲利出場（我建議在看這本書的讀者同時打開手上的股票軟體）。如果你用傳統的價量指標買賣，最晚也應該會在82元的時候獲利出場。如果

你願意用我告訴大家的一半漲幅停利法的話，雖然我們不會賣在最高點，但至少也能在100元出場。儘管沒有賣在130元的最高點，卻也賺了超過40%，這就是「賭博式停利」厲害的地方。

 體驗傳統技術分析的限制

我希望看這本書的讀者，可以對著台化來做實驗。想辦法拿出所有你手上的技術指標或者財報數據，只要你是用傳統的技術分析，一定都不可能從70元持有到100元以上。

親愛的讀者們，這已經是一檔漲幅超過80%的股票，任何一種傳統的技術分析方法竟然只能讓我們賺個十幾趴，這絕對是天大的錯誤。我想跟大家說，請務必放棄傳統的錯誤方法，這些方法很難讓我們賺大錢，我建議用「策略」來取代這些傳統觀念才會容易。

大家知道我是技術分析出身，而所謂的技術分析，其實只不過是一種概率。也就是說，在技術分析上有一些技巧可以判斷未來漲跌的可能性，但無論如何都沒有辦法百分之百確定。而且我想告訴大家，其實大部分真贏家都承認，所謂的「機率」也不過只是個極為抽象的概念。

贏家並不告訴你明天一定會漲，也不會說有八成機率會漲，真正的贏家都知道技術分析並不是要算出真正的機率，技術分析的本質只需要「大概」就夠了。

以我自己來講，我也是根據自己的經驗，所以某些買點比較好就買進了，根本不管幾成機率會漲。對我來說，買點好就是致富方程式，我在股票市場很珍惜我的買點，所以所有的策略都是以買點來設計的。

當我在做短線的時候，我只在好買點買進，好賣點賣出，因為我對自己的短線技術有信心。但如果你是新手進股市，我希望你所有的技術分析都專注在「買」，而賣，看老天就行。大部分的人在股票市場之所以失敗，就是因為太想要用技術分析賣出，尤其是大家都喜歡做波段，以做波段來說，覺得「可能會跌」就賣出股票是最可惜的事情。

2-3 風險報酬比（簡稱風報比）

大家都知道我一直強調買點，買點好實在太重要了，而所謂的好買點，一定要搭配夠好的「風險報酬比」，好買點不能只是一買就漲，一買就漲可能是好運，如果不符合風報比，那麼即使這檔股票未來會漲，我認為也不適合在當下做買進。

我看到很多在網路上的股票討論大多時候都是關注公司好不好，這樣的交易思考就不具有操盤的全面性，而這個想法是被傳統觀念所影響，大家鼓吹只要公司好就可以買進，甚至更誇張的是有人認為只要公司好，即使買進後股價下跌也不用理。

如果你也是只買好公司的基本教義派，請看第192頁的實例分享2（小溫篇），徹底了解股價漲跌的真正原因。

我現在要告訴大家的，是股市真正獲利的買賣觀念，也是我的JG原則第七條：贏家第一課，風報比。

風報比，就是「虧損：獲利」的比例，對大部分的人來說，這個比例至少要1：3才行。也就是說，停損如果設10塊，那預期獲利至少要有30塊；停損如果設定在15塊，那麼預期獲利就至少要45塊才行。風報比是個極為重要的概念，任何一個在股市打算進場的人都需要先弄懂這個觀念才行。

　　風報比同時是一個很個人化、又很抽象的設定，我希望大家在這邊先問自己一個問題，用你的直覺回答就可以：

　　「如果手上有一百萬的操盤資金，你願意賠多少錢來換一個賺錢的機會，是賠5萬、賠10萬，還是只要能賺，你甚至可以拿20萬出來拚？」

　　相信大家已經發現，這個問題好像少問了什麼。在剛才這個問題中，我根本沒有跟大家提到預期獲利有多少，我只問大家願意賠多少，這當然不合理。買股票就像做生意，我們除了要知道這筆交易買下去之後最慘可能會賠多少，更要知道最好情況可以賺多少錢才行。

　　還有，因為一般人在買股票的時候是反過來，只預期可能會賺多少，而不去預期會賠多少，這是績效不穩的最大因素。

　　以我自己的交易來說，每筆交易的風報比至少要抓到1：3。如果這筆交易的停損設在賠10萬，那麼我的獲利預期至少要抓到30萬，如果停損設在30萬，那麼獲利預期最少就是要賺90萬。

　　所以我才說交易這件事情非常客製化，並沒有標準答案。很多人在股票市場想要死背公式，可是偏偏風報比就是隨時隨地都在變動的事情。

　　下面我想替各位出一個填空題，這個填空是希望幫正在看這本書的你永遠記得風報比，大家先試填看看，下面的空格要填入

多少才符合1：3的風報比，填完之後，我將繼續帶大夥往下一步
邁進。

風報比1：3	賠	賺
股票A	10萬	？
股票B	？	15萬

　　我相信你一定能順利填進正確的數字，唯獨要注意的是，雖
然股票A已經把虧損訂出來，賺30萬是符合1：3的風報比，卻未
必會是個好標的。也就是說，雖然股票的確有符合風報比，但最
終最終，還是要看我們的承受力才能決定是否買進。

　　我認識許多投資人，技術有了、耐心有了，但因為不明白自
己的承受力，所以錯用了技術，學的技術很多卻一直無法獲利，
關鍵就是不夠了解自己。

　　有些人對於賠錢的感受特別強烈，以100萬的例子來說，他
如果買進的是股票A，可能賠到5、6萬晚上就開始睡不好，那他
就必須放棄這個交易機會，反而股票B比較適合，因為持有股票
B雖然沒賺那麼多，但因為必須承受的虧損較小，所以他的心態
比較穩，相對能做出正確買賣判斷。因此隨著投資人個性不同，
就要更了解自己來客製化風報比。

股票市場賺錢的方法很多，我知道大家剛進股市會想什麼方法都學，可是根據我訓練學生的經驗來看，其實每個人的心理壓力差距很大，大部分人對自己承受能賠多少錢並不清楚，所以即便是學到好方法也沒辦法正常發揮。

例如很多人都知道不要追高殺低卻還是做了，結果常常因為殺低後，股票一路飆漲而懊悔不已，其實他們並不是什麼都不懂，只是不瞭解虧損造成的恐懼，對買賣決策與績效影響有多嚴重而已。

所以我常說，學習方法與原理之前，我們更需要先了解自己。接下來，我希望帶著大家再更進一步思考風險報酬比的意義。

我想問問大家，在下面表格中，哪種股票看起來有比較好的風報比？

	可能虧損	預期獲利
股票A	10萬	30萬
股票B	5萬	10萬
股票C	30萬	120萬

　　我想大家應該可以很輕易的算出來，股票A的風報比是1：3，股票B的風報比是1：2，而股票C則是有高達1：4的風報比。我建議大家如果有手邊有好標的，要選擇超過1：3以上的風報比來當買進策略。

　　如果自認為心理承受力比較低的人可以挑股票B，喜歡冒險的人可以試試股票A甚至股票C，因為比起賠錢，冒險偏好者沒賺到大筆的會更嘔。

　　相對於大資金的法人，散戶其實是有優勢的，因為法令規定法人必須把大部分資金丟進市場，散戶反而有更大的資金掌控權。我們可以等、可以挑、可以等便宜買進。股票市場是一場心智的對決，考驗耐力與決心。什麼是耐力？沒有選到夠好的股票絕對不買；什麼是決心？決定要買就不要怕虧損，機會來就要強力執行。

　　在我的輸家資料庫中，我發現心急也是一種不夠了解自己。

　　以風報比這件事情來說，有些人因為口袋名單有限，在名單中風報比最高的可能只有1：2，但因為太想趕快賺錢，於是讓自己買進風報比不好的標的。假如口袋名單真的有限，此時該做的不是心急亂買，而是要不斷去尋找好股票、好標的。嫌貨才能套利，買股票一定要比買3C產品還要斤斤計較才行。

　　而我所謂斤斤計較，就是要大家挑選1：4以上的標的。風報比越低，一定會伴隨著越大量的買進和賣出，我認為對一般人來說，買進後越無聊越好，頻繁的買買賣賣會產生過多的交易成本，有時候也會容易太專注在盤面而分心。

　　而到底為什麼需要風報比呢？原因是，這會讓我們一點都不需要高勝率就能贏。講到這邊，我先幫大家算一個數學問題。

● **風報比1：2，**
　表示賺一次可以抵賠兩次，進場三次贏超過一次就可以。
● **風報比1：3，**
　表示賺一次可以抵賠三次，進場四次贏超過一次就可以。
● **風報比1：4，**
　表示賺一次可以抵賠四次，進場五次贏超過一次就可以。

　　為什麼我要大家抓更高的風報比，是因為可以容許更多看錯機會，買股票四次贏一次也就是20%勝率，一點都不難，每個人都能做到。說到這裡，大家應該更了解為什麼我不鼓勵當沖，因為當沖的風報比幾乎都是1：1，也就是要勝率超過50%才有賺頭，這對一般人來說一點都不容易。

　　我知道很多人因為被市場給弄怕了，今天川普亂講話，明天又日韓貿易戰，市場混亂所以有賺就好。但我希望大家了解一件事，賺得短需要高勝率，我希望大家不用靠著高勝率也能贏，因為這樣才賺得久、賺得安心。

　　我近年習慣風報比都要抓5～8倍，基本上勝率只需要兩成就能賺錢，更不用說我的勝率比一般人要高，在這種情況下搭配上高風報比更是如虎添翼。

　　很多人可能會問，怎麼可能找到有40%以上漲幅的標的呢？其實說真的，這種標的多到不可置信，市面上很多財經資訊都能找到這些公司，難的不是找到好標的，難的是不依據風報比買進。

　　思考風報比還有個好處，就是你的選股會變得非常強。

　　習慣短打的人選股容易盲從抓不到重心，以公司分類來說，喜歡短打的人可能會偏好穩定成長型的公司（因為勝率高，股價波動穩定且趨勢向上），但我習慣抓1：4以上的風報比，那我就比較偏好轉機股，或至少是快速成長股（股本小、轉型中、跟上目前趨勢）。

　　一旦專注在高報酬率標的，你的股市生涯將會變得更有效率。

　　回到「累積暴賺」原則：看對才能下大，我這整本書都是希望幫你建立看對才能下大的觀念。到目前為止，我相信大家已經了解了什麼叫做風報比，接下來，我想用幾種常見的技術分析幫

各位舉例，讓大家知道在實戰應用上，風報比這個觀念會如何幫助我們更正確的交易。

提到順勢交易，大家一定會想到移動平均線，那我就先以均線的角度來帶大家體驗如何用風報比實戰，在股票市場，實戰和理論會有極大的差異，這也是為什麼大部分的人書看得再多也無法賺錢的主因。

股市賺錢的流程有三部分，「分析」+「策略」+「情緒控管」，分別對應「看對、下大、抱住」。

買股票前，我通常會先用基本面和技術面來判斷公司的好壞，接下來就是有計畫地去做買進，最後，就是看自己能不能有足夠的耐性和勇氣去執行。三者都不困難卻缺一不可，我們現在談的風報比，就是屬於「策略」的一部份。

風報比可以讓我們在買進前更清楚自己的買進時機，我現在就提供大家一個最簡單的順勢交易模組來理解我說的風報比，這邊提到的策略只是為了幫助大家更瞭解實戰所做的舉例，這裡的技術雖然可用，但細節還是得依照個人的風險承受度來修正才行。

「順勢交易模組」(如何運用風報比策略)

1. 找出股價在均線之上，而且股價趨勢向上的標的

2. 「靜待」風險報酬比 1：4 以上的買點買進

3. 設好停損 (如果用均線，最好設定在均線或均線的下方)

▲ 多頭趨勢中不考慮風報比可能會出現的A買點。 　　　　　資料來源：Stock-ai

　　根據這個策略，假設我找到了台泥這間公司，打算在帶量長
紅的A點買進。

　　我知道帶量長紅在傳統的技術分析裡面是強勢續漲，但我希望大夥先等等，別忘了用風報比，先檢查一下A點是不是一個好的買進點。

　　根據圖示，A點的價位是38塊，而均線大概是在35塊，也就是說停損大概是10%左右，如果想要在這個A點買進，根據1：4的風報比，因為停損是3塊，所以我們至少要預期這檔股票會漲12塊，也就是「一定要預期」會漲到50元以上才符合風報比（停損：停利=3：12），如果判斷它不會漲到50元，我就不考慮在A點用均線當防守買進。

　　從這一刻，你會開始進行真正的交易者思考：

● 「這間公司有可能再成長40%嗎？」
● 「以技術分析看，它的漲幅會有這麼大嗎？」
● 「它近期有沒有值得期待的超級好消息，讓股價可以噴出這種高價？」

　　如果沒有，那麼A點就不適合買進，原因很簡單，不是公司不好、不是股價「明天」不會漲、不是這邊可能會跌，而是不符合「風報比」。我們繼續用台泥當例子來往下思考要不要買進。

　　首先，台泥如果不好我們也不會看上它，所以這檔股票是好的，只是我們不願意用38塊去做交易。那從策略面來看，究竟在哪個位置是比較好呢？

　　先讓我們回到自己用的技術分析，在這個例子當中，我們用的是跌破均線賣出，也就是說，當股價越接近均線，那麼風報比必然就越好。因為股價未來會到哪裡並不知道，可是停損點越小，對我們整個賭局越有利。

　　接著，我們再把其他的時間點考慮進去。

　　隨著時間推移，我們或許會在B點37塊買進，如果我們夠有耐心就會見到C點的36塊買進點，那就更棒了。隨著耐心，我們想買進的點距離停損點越來越小，自然的，雖然大家都用均線，但我們可以因為風報比實踐了更好的順勢交易。

▲都是多頭，但A、B、C三個買進點的安全性皆不相同。　　　　　資料來源：Stock-ai

在停損35元的情況下：

在A（38塊）買進，停損設均線35塊，股價要漲12元（3*4）才符合1：4的風報比；

在B（37塊）買進，停損設均線35.2塊，股價變成漲7.2元就符合1：4的風報比。

而在C（36塊）買進就更棒了，如果是我會把停損設在34元（小於10%），而停利也因此在更容易到達的位置（44塊）。

另外，因為C點是在非常接近均線的位置，而股價本來就會自然的在均線上下波動，前面說過停損可以設在均線的下方，這同樣的也會是比較不容易被掃出去的位置。說到這邊，大家馬上可以發現，處於人人都在強調順勢交易的年代，一旦有了風報比，我們的策略會有多麼大的變化，甚至一樣用均線，停損也可以變得更有彈性。

最後，在同一年的8月份，股價最多漲幅來到47塊，雖然在C點買進的我們在44塊已經賣出，並沒有賣在最高點，但因為符合風報比，那就是一筆好交易。

到這裡，我們才真的懂得交易，即便沒有賣在最高點都是很棒的交易。這筆交易好，是因為我們在風報比有利的地方買進。

▲三個不同的買點,對後續能否繼續持有造成很大差異。　　資料來源:Stock-ai

在不好的點買進,我們會遇到不必要的虧損,雖然日後看有賺錢,但買進點不好就注定會被掃出去而嚐不到後面的甜頭。那麼,有沒有可能不設停損點呢?

所有遇過金融海嘯的人都知道,不設停損是接近自殺的事情。

回到風報比的主題,大家應該都已經發現,同樣的技術,竟然會因為策略不同而對賺賠有這麼大的變化,我希望上述案例能讓大夥感受到策略的重要性。我一直說,在股市賺錢並不難,因為練習策略只需要基本的邏輯推理,只是傳統技術分析都太看重技術了,但技術永無止境,把策略做好才是王道。

　　最後我希望讀完這章的你，往後當有人問你為什麼買這檔股票時，我們的第一個反應不再是因為公司會漲，也不是因為公司現金流很穩，唯一的答案就是：「風報比」。

2-4 分批與加碼

「分批買賣」，就是把錢分兩次以上丟進股票裡。

分批進場有兩個好處：

1. **不用很強的技術分析也能提高勝率**
2. **下單穩定**

很多人問我，為什麼我剛進股市做期貨就能賺錢？我告訴大家，除了特別用功，最關鍵的就是我一直以來都用「分批」進場。

很多人可能會問我，J派交易風格既然講求暴賺，那麼分批會不會讓我們在看對的時候導致獲利被影響？

會，但在股市想要暴賺，關鍵是靠槓桿、或者時間的累積，分批進場就是要增加期望值，讓我們有辦法可以長時間的在股市獲利，分批進場的目的也是為了讓自己可以安全地投入大筆資金在好的標的。

一般來說，如果進場的獲利是設定在50%以上甚至更高，那分批就會是很有價值的策略，一旦買到可以一波賺到飽的股票，

我們就一定要「不被洗出去」才行。

　　但分批如果是要往上，一定要等成本拉開以後才可以。最後，資金小適不適合分批？當然還是要，資金小一樣不可以被洗掉，資金小一樣要暴賺。

　　在談到加碼之前，我希望你先用以下兩個問題，檢視下注策略。

回顧你的操作過程：
1. 什麼時候會讓你想加碼？
2. 你的加碼方式是什麼？

行情好卻賺太慢的窘境

　　我知道國外很多經典書籍都強調「看對加碼」這個邏輯，甚至有一些著名的交易訓練（例如有名的海龜訓練班），也都是靠著加碼來做擴大獲利的動作。

　　可是台股是個淺碟型市場，每次漲幅都比其他市場少，漲沒多少就結束了。當然，台灣每年也有很多漲幅高達一倍以上的公司，但一加碼就是死，前面說過台股不能追高，加碼就是追高的延伸策略，所以絕對不可行。

真的要加碼，就只能在可以做突破策略的市場中進行，比如說期貨市場，因為期貨是高槓桿市場，我們用100萬可以操作1000萬的資金，雖然漲幅不大，但輕輕加碼一下獲利就會以十倍速前進，也只有這樣加碼的策略才具有擴大獲利的意義。

自我安慰的攤平策略

我們在市場上常聽到稍微有一點經驗的投資人會說，買股票不可攤平，甚至流傳著一句話叫做：「向下攤平、越攤越平。」

大部分股民會賠錢，就是因為不認輸，所以股價越是向下，他就越買，他覺得公司體質很好、未來很有發展性、甚至技術面也很強（例如季線向上）而買進。假設老陳手上有100萬股市資金，打算買進一檔他心目中的好公司，在100塊的時候興高采烈買進，之後很快跌了10萬，他心裡想反正公司好，不如再把其他地方的錢調來股市繼續買進。

買進後不如預期又跌了10萬，很多人這時候心理面會非常難受，甚至會解讀成公司明明很好，一定是被錯殺，那不如再繼續加碼，反正現在「比較便宜」。

先不論老陳手上這檔股票後來的發展如何，他的買進不是依照自己的交易計畫，簡單說老陳只是買進當下覺得會漲，結果股票不但沒漲還下跌。讀到這裡，如果你還記得停損與風報比的觀

念,你應該已經知道該怎麼做了吧。

對,在停損點之前不能有動作,一到停損點就要賣出。

老陳這種加碼方式是最要不得的,我稱為「自殺式攤平」,最後的下場往往慘賠出場。

其實攤平只是比較好聽的自我安慰,在股市想賺錢請盡量避免攤平的思維,**最好一開始就分批,而能獲利的關鍵就是「計畫性分批」。**

如果你在股市操作一直不順利,那我建議,可以在買股票的時候把資金分成兩筆。

例如我們手上如果有100萬的股市資金,那麼就要分成各50萬,分兩次進場,如果對自己的買點很有把握,那至少要分成7：3的比例,第一筆買進70萬,然後把剩下的30萬留在第二筆。

「計畫性分批」不是偶一為之,而是每次買股票都要這樣操作。一旦這樣有計畫地進行股票買賣,勝率將會大幅提高,我真心建議大家嘗試這樣操作。

因為分析歸分析,買進歸買進。一檔價值100元的股票未來即使會漲,即便是大盤穩定上漲、即便是景氣發展穩定,它在中間還是會有很多亂流使得股價上上下下。它或許會頭也不回的一路上漲,但在股市更常發生的情況是:先下跌折磨我們一陣子,之後才噴上去。

股市買點只有兩種，一種是買了等下跌，另一種是等下跌再買，而雖然我們是等下跌買，卻未必能買在最低。

有很多「高手」覺得自己抓得到中間的波動，企圖買在最低，但這些人往往都因為這樣慘賠而困在股海多年。我在JG八原則也提過，「預測」在股市絕不可行，所以我才建議大部分人要「向下分批」。

計畫性的向下分批（下單穩＋容易賺）

所謂的計畫性向下分批，就是為了讓我們「降低技術分析的不確定性」。

而向下分批有兩種情況，第一種情況是照我們原本的規劃，越跌越買，而另一種狀況是一買進就漲了，根本等不到回檔所以我們只買進了第一筆而已。

我先用實務的角度來談談這兩種情況。

● 狀況一，買進後運氣不好股價下跌。

此時我們應該很慶幸，因為原本我們預期是會上漲的，結果走勢不如我們預期，而我們只買進資金的一半而已。此時我們因為下注的資金變小，所以恐懼只剩下一半，可以更冷靜地看待先前的決定是否正確。如果繼續下跌也虧損不多，看錯賠錢，沒有關係。

又或者，由於股價波動難以預測，或許我們根本沒有看錯，買進的股票或許一個月後真的會上漲，那麼此時我們就有本錢用更低的價錢繼續買進。

這種策略可以讓我們在股價下跌的時候立於不敗之地，那上漲的時候呢？

● 狀況二，買進後股價直接上漲。

原本100萬，現在只買進第一筆50萬，買進後馬上上漲，這種情況我們只賺到原本預期的一半，在當下我們心裡應該多少會覺得很可惜，但沒關係這種做法的好處很多，我現在來一一說明。

首先漲上去之後又會分成兩種路線：發動後回檔，或是頭也不回的大噴出。

1. 發動後回檔：

股價很少就這麼一飛衝天的，也就是因為有波動，所以回檔是家常便飯，因此買進後上漲不代表就此不回頭，我們可以等待某些壞消息，在大盤大跌的時候再買滿第二筆。

你可能會認為這代表成本變高了，但要注意，這是在安全情況下提高成本，成本變高但股價已經上去，我們已經在這個遊戲裡面立於不敗之地。接下來只要股價穩定上升，我們就是用全部

的資金在跑獲利，而且賺錢賺得有夠安心。

2. 頭也不回：

這狀況在心理更為可惜，股價上去已經幾乎沒有回檔，那怎麼辦？

首先我還是要提醒大家，這種情況代表著我們已經賺錢了，這很值得開心。畢竟老手都知道，少賺也是賺，更不用說大噴出同時意味著高效率，千萬不要因為少賺而感到可惜。

而若是等不到回檔，你也可以伺機買進「別的標的」，當然，買進的時候還是要「分兩批」，也就是每25萬各一批。此時此刻，我們早已老神在在，因為已經是在賺錢狀態，一點都不必擔心。

這才是我所謂的計畫性分批，和那種錯誤的自殺式攤平是兩碼子事情。傳統的攤平是毫無計畫漫無目的，J派的計畫式分批是在讓勝率變高，而且是在安全的情況下把總資金ALL IN。

還有，如果你不是短時間想致富，那麼我希望你了解，股票市場獲利並沒有想像中困難，大部分的人都是輸在不願意把時間拉長持有而太過著急。大部分的人都希望馬上賺到一大筆錢，但這是相對困難的事情，但如果把目標放到每年都賺錢，甚至三年賺一倍，那遲早會被你逮到大行情，運氣好兩三年，運氣差三五

年，說真的很難不累積暴賺。

只要建立正確心態，就能真的玩好股市這個遊戲。

你知道下單穩有多重要嗎？

我有個朋友是基本面出身，叫做阿飛。他長期關注特定產業、對世界景氣也有一套自己的看法，但因為基本面所有的資訊都需要一段時間發酵，所以他更適合用這種操作法來擴大自己的報酬率和提高勝率。

這個 J 派計畫性分批的下注法，讓他可以放心的 ALL IN，他的總資金不到三年衝到了當初本金的三倍，非常了不起。

我在撰寫本書的時候是 2019 年，剛好經歷了股災，台股在 2018 年末因為中美貿易戰的關係，一個月暴跌了將近 2000 點，我訓練過的一些學生就因此而受了傷，但阿飛卻安然無恙。

阿飛下單會這麼穩，其中最關鍵的原因，就是他長期下來已經習慣這種降低得失心的分批策略，所以他早已進入一種「下單穩」的贏家狀況。

在股市無論懂多少，要下單穩真的是一件難事，保持分批就是一個很好的方式。

相信你在了解計畫性分批的方式後，應該可以體驗到：光是改變策略，就可以帶來完全不一樣的好結果。

第 **3** 章　J派核心原理：反市場

─────────────────────────────────

　　我在2005年底的時候開始接觸股市，當時網路資訊還沒有這麼發達，和正翻閱這本書的你一樣，我也走進了書局。

　　大家是否記得還是個股票新手的自己走進書局是什麼感覺？

　　當時的我感覺到很恐慌，畢竟資訊實在太多了，彷彿股市賺錢致富的方法滿街都是，彷彿股票市場一點都不難，缺的只是我的努力。

　　但我的父執輩都告訴我股票市場很危險，而且身邊年紀稍長的朋友幾乎沒有一個有辦法在股市裡面賺錢。

　　在書局裡感到一陣暈眩後，我問了自己幾個問題。

　　「如果大家都看一樣的書，學一樣的心法，這好像回到了小時候的大學聯考，大家都看一樣的東西，是不是最後只能拚智商、拚努力？」

　　當天我記得自己只買了一本《富爸爸窮爸爸》以後就離開書局，沒想到我帶走的這本「當紅炸子雞」，給了我初步的反市場念頭。我後來的操作方法都和想要脫離這種主流觀點大大有關。

你可能以為我要推薦《富爸爸窮爸爸》的內容吧，正好相反，我發現了兩件事：第一是他驚人的銷量，第二原來這本書在某方面來說算是一本聖經。

在我買這本書前，我並不知道他是一本熱門經典書籍，這本書裡面提倡的很多觀念到了這個時代都很風行，例如現金流的概念，以及現在隨處可見的現金流遊戲，都深受這本書影響。

當下我的大腦好像瞬間被雷打到，我終於了解，這就是「熱門經典的威力」。

所以我決定直搗黃龍，把市面上所有賣最好的書都買回家研究，後來幾年我更是配合自己每天做的交易日誌，每月、每年的逐一篩選，找出台股市場的弱點並且有效率的買進和賣出。

我對初學者的建議會比較特別，想成為贏家的學習第一步必須「收集經典」，大家不可以太信任所有主流看法，但也不能單純為反對而反對。

我自己本身是先看熱門經典，掌握主流看法，但同時站得遠遠的，在充分了解所謂「主流看法」以後，打造自己的股市邏輯。只要你進入反市場思維，不管未來在股市裡流行甚麼，我們永遠都可以用反市場思維打造屬於自己的技術，成為股市裡的少數贏家。

「反市場」的精神就是：

尋找主流邏輯的盲點，永遠提醒自己要「不一樣」才能獲利。

3-1 不要相信技術分析（逆KD戰法）

專職操作在沒有行情的時候是很無聊的，也因此我看了不少美劇，後來乾脆在家裡弄個健身房，最後我替自己開發了另一個興趣來打發時間，就是德州撲克。這個遊戲可以線上玩、也可以現場玩，和股市一樣，這是靠著強大心智才能成為贏家的遊戲。

而我進行這個遊戲的方式和股市一樣，我不下模擬單，在遊戲中，我賭的是盈虧自負的真錢。

我喜歡輸贏，例如我偏好的運動不是慢跑、游泳、健身，這種一個人做的事情讓我沒辦法做得長久，我喜歡打球，每個星期有固定的時間可以「比賽」讓我覺得生活很有樂趣。也因為這樣，既然要打德州撲克就一定要當贏家才行。

剛開始接觸的時候，我做了每個新手都會做的事情，我讀了德州撲克好手Phil Gordon寫的經典「小綠書」，也讀了Doyle Brunson撰寫的《Super system 1》，這兩本書是當時朋友推薦給我的聖經級書籍。

不只如此，我還找了當時台灣的知名選手學習，我認為任何領域要快速進步，盡快找一流玩家請教才是最快的方法。

這位選手開門見山的跟我說：「看書可以，但你的技術始終會遇到一些瓶頸，如果你打算成為世界級的玩家，那就必須要非常了解你的對手。」這句話我一聽就懂，因為這個戰場的原理和股市實在太像。

所以我當時把對手分成好幾個層級，並且在不同的戰場用不同的策略和他們決戰。

● 超新手級：打法雜亂無章
● 認真的新手：看書學觀念，依照書籍的規則打
● 中老手：經驗足，知道對手怎麼想

經過評估，自己學得再多都不可能比老手經驗更豐富，所以我選擇在新手比較多的戰場，至於要怎麼在這裡成為贏家，我的策略是：「先把書看熟，應該就能知道大多數人怎麼想。」

舉例來說，很多打撲克的書都會教人算機率和下注方式，以傳統撲克的書來說，他們會告訴你如果拿到AA、AK、KK，或者兩張都是Q以上同花色的牌，贏的機率非常高。也因為大部份傳統的書都這樣教，所以我們常常都會看到一堆新手在拿到這種牌的時候，就會開始下注下很大，而這就是中老手可以上下其手的時候。

　　大家不用想也知道，只要老手看到新手在一開始下大，並且抓到他的底牌，接下來新手就死定了。在牌桌上，被人猜到底牌是萬萬不可的事情。撲克如此，股市也是這樣。大家應該都有聽過一句巴菲特名言：「如果你在牌桌上30分鐘還不知道輸家是誰，那你就是輸家。」

　　所以我第一件事就是把書看熟，把書籍的規則都列好，然後想辦法找出牌桌上的規則，然後攻擊它。但說實在的，要做到這樣並不簡單，因為不同的人都有不同的牌桌脾氣，光照書裡的規則雖然可以掌握大部分，但也要有臨場的隨機應變，觀察每個人不同的反應，做出分析，這就不是書裡可以快速學到的知識

　　我要跟你們說的是，其實股市和德州撲克極為相像，而且更好的消息是，股市其實要比撲克牌簡單多了。撇除菜鳥，在股票市場有太多努力錯方向的人，以至於大部分的人都會跟撲克牌新手一樣「照書打」。為什麼我說股市比撲克簡單多了，因為我們只需要弄懂大部分的基礎書籍，就能夠成為所謂的中老手，可以輕易地知道新手「怎麼想」。

　　看到這邊可能很多人會想到，我舉的例子都是針對牌桌上的菜鳥，那遇到老手該怎麼辦呢？我只能跟你說，上了牌桌的目的就是贏錢，遇到比自己厲害的人只有一個字：「逃」。

在股市如果不抓菜鳥，就是逼自己一定跟老手對決，雖然大家有共識的技術也可以賺錢，可是這樣就是要比判斷速度，甚至需要有內線。明明有一群不用功的人在市場，我還是建議不要用大家都知道的武器拚輸贏。

但這是需要勇氣的，這也是我在這個章節希望跟大夥分享的重點。在股票市場，有人賺就有人賠，這幾乎可以說是一個零和市場，也是一個最大的線上遊戲。在電腦螢幕後面的每個人都是我們的對手，可是偏偏大部份人都覺得別人是笨蛋，不用努力就能贏對手。

股票市場很簡單，簡單在用心就一定能賺錢，這是全世界最公平的地方；股票市場很難，難在願意持續用心，因為這裡也是全世界最讓人想不勞而獲的地方。

我說股票市場就是賭，可是永遠都有90%的人只想隨便、隨興的賭一把，因為大家都想不勞而獲。股市和賭局很像，但如果在股市這麼有規律的地方隨便賭就太可惜了，我希望大夥能當個用功的人。下面我就跟大家分享幾個用功的方法，讓真的想在股市獲利的你不做白工。

我知道正在看這本書的你，應該或多或少對技術分析有初步的了解，所以我打算根據我的實戰經驗，跟大家談談這些傳統技術的缺點，以及一般人都能使用的改善方案。

傳統的技術分析可分為這三大種：

1. 技術指標

2. 均線

3. 價量關係

　　我以最多人知道的技術指標為例，幾乎所有人在用技術指標的時候都會有一個問題：「為什麼指標在低檔，也向上交叉了，但自己照技術指標買進，卻每次都一買就跌下去？」

　　我就在這邊用最大宗的KD指標來舉例，談談在股市的大部分人是怎麼看KD的。

　　關於KD指標最基本的假設，就是低檔向上交叉時可以買進，高檔向下交叉時可以賣出。在我認識的股民中，有將近1/3都很看重KD指標。

　　但每當我問他們為什麼用這個指標，大部分的人都只會告訴我因為「好像很準」，所以用它。我想說的是，這因果關係錯了，不是KD交叉才讓股價上漲，而是股價上漲才讓KD指標向上交叉，誰是因、誰是果一定要很確定。大家只要記住一個觀念，其實所有指標公式都是依照K線的價位計算出來的，所以真的要看指標不如好好弄懂K線原理。所有我訓練過的學生都有一個共通

點，他們的看盤軟體大部分都乾乾淨淨，最多最多只留下均線感受趨勢而已。

而且很多人不知道，其實指標交叉是會騙人的，即使我們在星期一看到 KD 剛好向上交叉，只要星期二大跌，這個明明有的向上交叉也會在軟體上面瞬間不見。即使只有小跌，我們就會遇到一個所謂的「指標失敗」，那這樣該賣出嗎？因此我奉勸大家盡量少用指標買賣，因為實在太容易遇到交叉失敗情況，一買一賣，肯定賠錢。

這是指標的第一個要小心的地方：指標是個不精確的結果而非原因。

感受指標是否可靠

如果你可以在盤中看盤，請打開個股的五分 K 去觀察指標，我保證你只要觀察一天，一定可以觀察到所有指標都會在這個小刻度裡面一下交叉、一下又沒交叉，透過短線，一天之內就會見到無數次的假交叉，你會深刻感受到為什麼技術指標落後和具有不確定性。

再來，有些人會認為指標要看就要看大週期的，例如我剛剛說到的 KD，有些人會去觀察週 KD，因為週 KD 一旦啟動就代表個股可能會出現週線級數的大行情，所以值得買進。

　　這個想法沒有錯，但要小心一件事，因為週KD向上的時候很容易讓人去「追高買」，**週KD向上交叉代表有大行情沒錯，但第一這是過去式，其次在台股，絕對不要追高買進**。一追高，即使股價最後真的向上走，一樣會被掃到停損，要買我建議只在下跌時買進，只是這個下跌，一定要有依據。這裡有個一般人都能使用的方法，我把它叫做J派的「逆KD」。

　　前面聊過，在德州撲克的世界裡，要成為高手一定要了解對手的心理，而要了解對手的心理，就要像警方辦案。我們看過很多電影，裡面的員警為了抓到連續殺人魔的犯案模式而絞盡腦汁，在股市也需要這樣，只是在股市裡變得非常容易。

　　這邊我們一起再複習一下傳統技術分析的KD用法：「低檔交叉買進，高檔交叉賣出。」但事實上，如果股票真的有一大段的上漲行情，那麼股價遇到KD向下交叉也根本不會下跌的。

　　當股票真的有大行情，就會不斷的出現「向下交叉失敗」、「向下交叉失敗」、「向下交叉失敗」………我想講一個觀念，當趨勢一旦出現，所有的技術指標都不重要，當**趨勢出現時，我們只要關心順著趨勢的指標就可以了**，在我進一步說明之前，希望你先看過下面幾張圖，看的重點放在KD向下交叉失敗就可以了。

▲亞泥從低檔30漲到48，中間超過許多失敗的「KD高檔交叉」。　　資料來源：Stock-ai

　　如果大家有餘力，我推薦大家先把這書放下，打開你的軟體一起來觀察是不是這樣，體會一下，只要有行情，那技術指標根本就不重要。相反的，如果我們手上的股票是往下走，那麼向上交叉當然也沒用。

　　而我推薦大家的方法既然叫做「逆」KD，它的原理就是一種「反市場」。但要注意，我所謂的反市場並不是要跟市場作對，畢竟股市不能預測，但大部分的股市玩家行為都有規則，我只是要利用KD指標來解釋「反規則」這個概念。

　　至於順著指標能不能做，當然，技術指標也會有所謂的盲從噴出效應。也就是說，本來不一定會漲，結果看到全部的指標一起呈現多方時，因為一群技術分析狂熱者衝進去掃貨而造成股價

上漲，這是有可能的，但我認為那是有在盯盤的中老手比較能做的事情。

最大原因是指標你看到、我看到、大家都看得到，當指標出現多方訊號的瞬間，一群鯊魚衝進去，此時比的是誰比較快買到，誰就成本低。又因為大家看到的訊號都是差不多時間發生的，那就變成需要混合其他的技術才能「更精準」的判斷，那我們就是逼自己進去和一群高手對決，這對一般散戶是非常不利的。

經過多年和股市的戰鬥，我發現自己的反市場原則非常好用，因為無論市場最新流行的是甚麼，我們總會能找出規則，然後加以利用。

逆KD的用法

分成三步驟，當我們認為股價可能有一段行情時，請這樣做：

1. 「KD向下交叉＋下跌」時買進
2. 停損設在前波低點
3. 當KD向下交叉失敗又突破前高，直接把交叉失敗後創造的低點當新的賣出點（移動式停利）

　　設停損的重要性前面已經說過了，這裡就不再闡述。至於移動停利的觀念很簡單，當KD向下交叉並沒有辦法撼動行情時，我們就要認定這個漲勢是有意義的，我們可以把這附近的低點當作一個停損的防守點。

　　以亞泥來舉例，下圖的A、B、C三個點，都是KD下殺時的買進時機，而A點買進停損點就設在前面，若在B點買進，我會把停損點設在A點的價格低點，C點買進的話，停損點我會設在B點最低價，以此類推。

▲KD下殺買進，當行情順利，把停損點設在前一個高檔交叉造成的低價附近。

資料來源：Stock-ai

　　逆KD的精神就在於，不斷的用「指標失敗」來確認趨勢，先把逆勢指標當成買進點，而後用股價突破前高來確認指標向下

交叉失敗，而一旦確定趨勢繼續延伸了，那就可以把當初的買進點當成防守點，依此不斷的做移動式停利。

逆KD的精神不在於有多準，而是在於有邏輯的做到移動式停利，我主要的目的，也是希望透過逆KD，跟大夥分享要如何合理的利用落後指標在股市獲利。

我訓練學生很常重複一個觀念：想要練技術，就是要「想辦法」在一段趨勢可能會轉變的時候賣出。很多人買進股票後半個月、一個月多都有賺錢，可是最後沒有賣在高點就算了，反而還跌到成本區附近才甘願賣掉，這太可惜了。但有些人同樣的也會認為，如果只賺一點蠅頭小利就賣出，又會感覺自己沒有順著趨勢持有而懊悔。

J派的逆KD，是一種反過來用「指標確認趨勢」的戰法，大家可以把被指標確認過的低點作為防守區，跌破這個防守區就賣出，一跌破，我們就可以認定先前這個被確認過的趨勢「暫時」不會持續了。

但觀念上要釐清的是，跌破不代表股價就會跌得一落千丈，只是一旦被指標確認過的趨勢有可能不會持續，那就乾脆把資金抽出來。如果你對這間公司一直有研究，也很看好它的未來發展，又或者你有能力在技術分析上做更細節的判斷，那你可以不急著賣出。但無論如何，跌破前低不代表公司變差，如果我們還是看

好，那賣出後仍然需要持續的關注它。

逆KD就是這樣，不是看成交量，沒有預測未來，買點很「反市場」，賣出方法也很特殊。我希望大家明白，我講逆KD並不是要教大家一招超級厲害的技術，只不過在示範一個散戶容易上手的技術應該具備「反市場」的思維才行。一般散戶要在股市賺錢，絕對不可以和大家都做一樣的動作，一定要反過來。

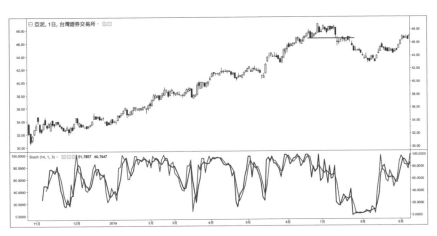

▲逆KD戰法的停損區。

也希望提醒大家，逆KD雖然勝率很高，卻也不是百分之百的勝率，如果我們遇到下列狀況一定要記得停損，不可堅持「我已買在別人的恐懼區」而凹單，萬萬不行。

逆KD停損條件：

1. 黑棒買進後繼續下跌（我會設定10%）
2. 跌破被指標確認過的前低

第一點是單純的價格停損，以過去的歷史來看，只要股價真的走多頭，那麼KD的高檔既然已經是大黑棒買進，那後續是比較少繼續下跌的，更遑論買進後會造成超過10%的跌幅，一出現這種情況要小心多方已經暫時休息甚至走空，務必注意。

第二點更重要，當連續出現兩次高檔交叉並且跌破前低的時候，我建議新手一定要先出場觀望才行。

逆KD這個章節不是要教大家一個厲害的招式，而是希望透過知名指標來帶著大家一起在本書理解所謂的「反市場」。

大概是2011年後吧，我發現自己進市場以來的操作這麼多筆，但回頭一看，賺的最多的全部都是那些「反市場」的戰法。認識我很久的人都知道，我近十年已經放棄所有傳統的方法在交易，其中最大的原因是，既然85%的獲利都是來自於反市場，那我又何必跟自己的體力過不去。

　　只不過要用「反市場」的方法還是需要一點勇氣的，我認為這可能是最後決勝負的觀念。「反市場」的方法用起來會讓人感覺很不安全，用的時候心理往往會出現：「可是大家都說交叉向上正確，這樣反過來真的好嗎……」

　　心魔就是來自於太多的「可是」，我會在下面會用布林通道這個工具，繼續帶大家了解「反市場」這個反直覺的獨特思維，一步一步的看出股票市場的獲利真相。

3-2 J派逆布林戰法＋極限加碼法
（人生暴賺實戰篇）

在這個章節，我想跟大家分享更多這些年來我實踐「反市場」的自由之路。

就像上一章所提到的，雖然這些方法現在都還能獲利，但我想分享給大家的是在不同人生階段的「選擇」，以及不同階段的「股市觀」。畢竟這不是一本教技術的股市書，我更希望的是當你們讀完這本書，可以創造出自己獨一無二的股市思維和方法。

首先，我想把我自己當年的步驟一一拆解給大家。當年我進股市後很快進了書局，我當時第一步的打算，是從茫茫書海裡找出一本真的可以幫到我的東西，所以我開始潛心研究所謂的「基本規則」，因為我相信散戶在股市的所有行動，一定是根據基本規則來決定的。

基本規則：世界上存在著許多可讓人遵循的重要規則，例如紅綠燈的設置，讓我們大部分的人看到紅燈會停、而看到綠燈會向前行。

我們每天都在無數的基本規則下生活，股市也不例外。

● 股市的基本規則：大家看到紅三兵（連續三天實體紅棒）就覺得股價要噴、看到高檔十字爆量收黑就覺得主力換手、看到跌破均線就認為股價將會一洩千里，覺得股價上漲沒量就不健康就不對勁……

　　而在股市的人，大多也都因為這些「人們制定」的規則而興奮、而恐懼。

　　剛進市場的我，曾跟著長輩在券商裡面觀察了一段時間，當年的證券行和現在大不相同，裡面滿滿的散戶，有大咖有小咖。通常只要待得夠久，就會發現裡面這些大咖普遍身上有大資金，而且大部分是做基本面的，他們在盤中通常都很愛聊天，基本上是不看盤的，股票對他們來說只是茶餘飯後的休閒而已，雖然他們的買賣極少，但一出手幾乎都有斬獲，就像不動如山的武林高手一樣。所以我認定短線的波動和這群「不動大咖」一點都沒有關係。

　　那短線波動是誰造成的呢？

　　我發現是另一群小咖散戶。在券商裡面，這些小咖決定買賣的時候都只依據兩件事情：技術分析和小道消息，我當時戲稱他們叫「躁動散戶」。

　　比起基本面的玩家，這些「躁動散戶」的情緒相對的很容易有波動，或許是興奮、或許是懊悔，但我常常聽到他們說：

「這一定會漲，我朋友說他們公司賺錢準備要賺到大陸去⋯⋯」

「唉，聽說這公司最近的營運狀況很差，要不要先出一趟再說⋯⋯」

這種，就是屬於小道消息的耳語，我想了想，除非自己的消息比他們靈通才可能會贏過他們。

我如此年輕，加上沒有產業背景，對我來說對於消息面一點著力點都沒有。但技術分析就不一樣了，剛剛提到短期波動，除了小道消息，可能會讓整群散戶痛苦或興奮的，就是所謂的「技術分析」。

「你看，這裡已經跌破一個大頭部了，唉。」

「我跟你說，你看這檔股票爆大量創新高，當然要抱緊。」

「不玩這檔了，整個已經是空頭排列，還是賣一賣出國開心。」

很讓我訝異的是，只要市場走相反方向，這同一批人竟然會因為同一個原因而把買進改成賣出、賣出變成買進。

買進時的說法	賣出時的說法
「你看，這裡已經跌破一個大頭部子，唉」	你看，這邊的頭部跌破後股價還這麼強，我決定不停損再等等看。
「我跟你說，你看這檔股票爆大量創新高，當然要抱緊」	好奇怪，創新高以後股票都不動，最近大盤漲他也沒反應，有鬼、出清！
「不玩這檔子，整個已經是空頭排列，還是賣一賣出國開心」	明明線型走空又突然大漲，我覺得這是轉機股，應該只是底部吧。

　　大家想想，如果你們跟我一樣在證券行看到這些狀況，你會不會跟我一樣，發現這個市場的規則簡直耍得人們團團轉。同一個人，常常會因為同樣依據卻賣出或買進，而這些躁動散戶就造成了市場短線上最大的波動和情緒。

　　和他們相處不到一段時間後，我從一開始抱著敬畏之心的菜鳥，漸漸轉想成為一個獵食者。我相信眼前的這群躁動散戶是一群超級大輸家的集合體，如果要在股市賺錢，就一定要想辦法克服這些人遇到的股市問題。

　　而根據我的研究，大部分的技術分析者都學過所謂的「移動平均線」，所以我決定好好研究均線，因為我發現均線是全部技

術分析者的共通語言。

多頭排列、空頭排列；

突破均線、跌破均線；

漲多會回檔到均線附近、跌深會漲回；

關於均線的傳說太多，更不用說如果你在博客來搜尋，均線的書竟然有上千本，這也印證了我在券商的觀察，這些人的買賣大多是以均線為參考依據。下面我會用布林通道當作解說的依據，因為布林通道其實就是均線概念的大集合體。

如果你還是新手，或者對布林通道還不熟悉的話沒關係，其實布林通道主要就是以下面兩個概念在運作：

1. 以中線（20ma）為準，認為不管多空，股價終究會回到中線的位置，股價在中線以上是多頭，中線之下是空頭。
2. 畢竟短線股價波段是不理性的，所以用股價的正負兩個標準差作為波動的極端點。

觀念上漲多必然回檔、跌深必然反彈，的確。從下圖也可見，股價始終在通道裡面徘徊，碰到上緣很容易反彈向下、碰到下緣很容易回中。

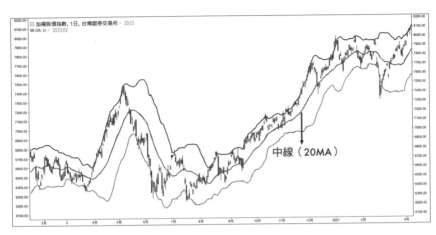

▲布林通道是以中線為主軸的技術。　　　　　　　　資料來源：Stock-ai

　　但布林通道的戰法，包括收縮、開口方向等等，這些做法會有非常多的模糊地帶以及不必要的停損，更不用說有很多的假突破加入以後，整個布林通道會變得一團混亂。

也因為太過複雜，所以對早期的我來說，布林通道我只抓三個重點：（J派早期布林戰法）

1. 突破中線＝多頭可以做多

2. 當股價漲超過通道上方＝超買，多單要停利

3. 我不會選擇放空

在布林通道中間的這一條線就是中線，這裡用的是20ma來當中線，在傳統布林通道的設定中，只要漲過20ma就認定目前是多頭行情。用20ma來判斷大盤，是非常簡易的判斷多空法則，我並不是說它很準，但對於一些很用功卻還是常被大盤混淆的投資人，我認為在很多時候可以用這方法來安定心神。

接下來，就讓我來解釋J派早期布林戰法的三個步驟：

1. 突破中線＝多頭可以做多

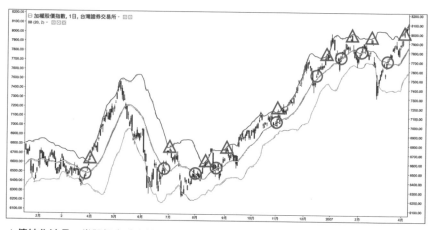

▲傳統作法是，當股價突破布林通道的中線後買進。　　資料來源：Stock-ai

2. 當股價漲超過通道上方＝超買，多單要停利

有別於傳統的順勢交易，布林通道比較像是一種低買高賣的短線買賣方式，傳統布林通道擅長抓住賺錢機會，有賺就跑。發

明這項指標的人，認為面對股價上下波動過大的市場，有賺先跑才是股市致勝的關鍵。

當然，這個技術也會有遇到停損的時候，以下是同一個時期用J派早期布林戰法遇到沒有賺錢的時刻。

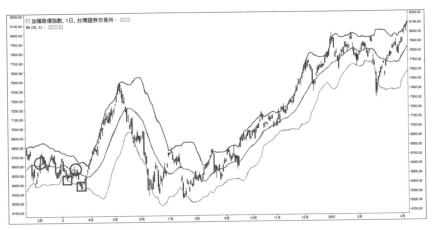

▲J派早期布林戰法會成功，是因為符合風報比。　　　　　資料來源：Stock-ai

按照我的J派早期布林戰法，獲利總共會有9次，虧損會有2次，勝率大概是82%左右，除了勝率，讀到這裡我更希望你可以去看看所謂的風險報酬比，我相信大家一定有發現，這個戰法不僅勝率高，風報比也不錯。

我知道無論是你看我的圖或是打開軟體，都會發現J派早期布林戰法非常的有利潤可圖，但讀到這裡，我希望大家不要迷失在技術上。技術很容易學到，但「反市場」和「風報比」才是可

以讓大家這輩子致富的核心。

正如我前面所提到，我在號子看到兩種人，一種是堅定不疑的「不動大咖」，另一批是每天不斷興奮和恐懼的「躁動散戶」，堅定不疑的人每年的買賣次數非常少，他們幾乎不犯錯，在這個賭局中，犯錯的永遠是情緒起伏最大的那批人，J派早期布林戰法就是試圖在「躁動散戶」太過興奮和恐懼的時候獲利出場。

其實布林通道本身隱含了「股價必然會回歸平均值」的概念，這個技術的用法很多，目前寫在這本書裡面的是在傳統布林通道中，最適合台股的做法。如果你讀完我的書，也認同在市場獲利必須反市場情緒來操作，那麼比起順勢交易來講，布林通道會是你最應該先去認識的技術。

我剛開始用了改版後的早期布林戰法，在股票跟期貨上的確有所獲利，可是總覺得不夠。對於本金少的人來說，這樣的金額實在太小了，我的目標是要脫離補習班工作，靠著每天省吃儉用的20萬存款，我一定要更有效率的發揮它才對。於是我把腦子動到了「集中期貨，並且放大槓桿」上，一個需要善加利用加碼才能規避風險的做法。

我覺得自己很幸運，沒想到因為老天讓我夠窮，沒想到因為這樣還真的想出了更有效率的方法。我當時的思考是這樣：我身上頂多就20萬，如果我真的錯了，那這也只不過是小錢，頂多再

花一年就可以全部賺回，但我發現了一個好方法，如果因為膽小而不嘗試它，那我就永遠離不開工作的高塔。

J派逆布林：用反市場哲學改造布林通道

J派早期布林雖然勝率不差，可是利潤只有從中線到通道上緣這一段（放空者是中線到通道下緣），就算勝率好，但低利潤在股市執行起來的問題是，對於跟我一樣錢少的人實在覺得賺太慢。

如果你在股市開始有持續的獲利，我相信任何人都會萌生想賺快一點的念頭。更不用說，雖然早期布林的勝率好，但其實它會犧牲掉了暴賺的可能性，再加上用我的早期布林去抓利潤也不過一次賺45%左右，扣掉可能的停損，我覺得離暴賺還有點距離。

我也想過一樣用早期布林＋融資來擴大戰果，以高勝率來說用融資是可以的，只要贏面大，我一點都不怕利息。但因為雖然勝率高，對於只有20萬的我想要翻身還是不夠。

「要換商品嗎？」我心裡想。

我認為技術夠好就有資格擴大槓桿，既然技術好就要敢拚，於是我把早期布林用在了期貨上，並且決定靠著把利潤拿來加碼來奪取暴利。

我現在想跟你們介紹的就是我用的「J派逆布林」，來當一個媒介做為分享，它是我早期布林戰法的延伸。這個方法有兩點要

注意，一是因為我是用期貨，風險比較高，現在談的東西是解說觀念為主，而非要大家拿來實戰。第二點要注意的是我當時能夠盯盤，否則也做不到這麼激烈的交易。

舊話重提，畢竟我從來就不是要教你「一招」，這本書的目標始終是用我的案例來讓大家更能體會 JG 在股市的「反市場」核心理念，核心理念等於打好基礎，地基穩，你的錢自然會漲成摩天大廈。

> J派逆布林有兩個精神，第一是「抓住群眾恐懼」，在別人恐懼時賭一把買進，第二是「只管買進，除非暴利決不停利」。

J派逆布林的步驟如下。

1. 多方趨勢時，我會在布林通道接近下緣買多單。

很多人說，通常跌破布林通道代表已經跌破中線，代表趨勢已經轉空。但我想跟大家說，跌破布林通道下緣只代表「大家認為轉空」，不代表趨勢真的走空，這兩者是有差異的。

真正的技術分析高手，並不會跟你說未來會不會漲、會不會跌，因為這是不可能會知道的事情。我知道大夥可能在網路上看

了太多假高手賺了點小錢的大放厥詞而認為覺得未來可以預測，天天做大盤分析，但據我所知，這是沒辦法的事情。

假高手的「股市預言」：

「大盤會不會走空要先看102XX會不會破，破就繼續下看98XX的支撐。」

「大盤會不會繼續漲要先看105XX的壓力區是否能突破，突破後我們要持續觀察量能是否持續放大，否則戒慎恐懼。」

「這裡的震盪收斂只要穩住，挑戰前波高點指日可待。」

看完本書後，未來再看到上述「股市預言」請全部打叉，真正的技術分析贏家不做這些事情。基本上，贏家都不預測行情會怎麼走，但贏家都很知道怎麼「賭行情」。

前面說過，市場的短期波動都是被「消息＋躁動散戶」給影響，而消息面我沒辦法掌握，所以我只掌握「躁動散戶」的動向。而根據我的觀察，跌破布林下緣這種超大的乖離率一出現，幾乎全市場都會嚇到停損，這些就是躁動散戶賣出的，不是嗎？

在號子觀察是這樣，在網路觀察是這樣，甚至在早期我觀察自己的內心也是如此。跌幅這麼大的時候，我真的會感到害怕。

根據我回測了這麼多年，包括了歐美各國的加權指數走法，都發現在大家最恐懼的時候進場，獲利才是最大，也因為有超額報酬的獲利，期貨這個商品所背負的風險才會值得。

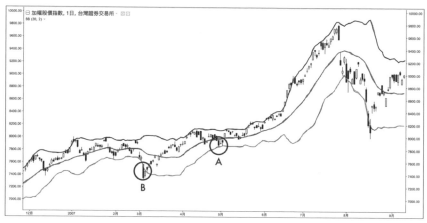

▲B點＝眾人恐慌點，A點＝我當年的買點。　　　資料來源：Stock-ai

　　在2007年3月，B點7350的位置，那個點位明明就是眾人恐慌時，也是J派逆布林的黃金買點區，但當時的我也因為恐慌而遲疑，錯過了進場點，導致我第一筆的進場點竟然是同為下緣區7850（A點）。當時的我還沒有徹底理解恐慌的價值有多高，否則應該還可以多賺到一倍以上的獲利。

　　但過去沒辦法改變，我既然在7850抓到了順利的第一筆，我開始思考如何狠狠的放大獲利。

　　以一口大台來說，停損設定100點，每次的停損都是2萬，但如果我用J派逆布林的做法，不噴出就算了，行情一看可能會有高達1000點也就是20萬的行情。大家也可以順便複習一下，這樣的風險報酬比有多少？

> **JG提醒：風險報酬比＝停損：獲利可能性＝2：20＝1：10。**

　　如上圖可以發現，即便是在空頭走勢底下做多，J派逆布林仍然非常有獲利空間。

2. 每漲250點（自認技術穩定者可抓200點）買進等比例第二筆。

　　回顧以後，我身上大概有20多萬，因為期貨槓桿非常大，所以我第一筆進場只打算買進一口小台。買進後行情很順利的緩緩上漲。當時的我研判行情偏多頭，我規畫了幾種未來大盤的走法，覺得大盤很有可能會噴出，所以我在自己的交易計畫書裡面，寫下了「若漲到8200，我要加碼」，很快的，行情真的到了。

　　走到8200後，目前我的兩口小台成本是：

　　（7850+8200）/2=8025。

每口小台一點是 50 元，兩口小台帳上獲利大概是：

175 點 *2=350 點，大賺 17500 元。

雖然用 20 萬來看，這樣已經賺了 9%，但對我來說很少，非常少。我告訴自己，這只是我未來要大賺的準備區，我不要躁進，我要等待好時機，如果行情繼續上漲，我一定要等比例的把單子敲進去。

而此時，布林中線也悄悄的上彎，這邊開始，就是我認定的超級攻擊區，根據我的作法，要大賺就是看這裡。

3.（極限加碼法）待布林中線上彎，每遠離成本 200～250 點，依照風險承受度想辦法投入第三筆、第四筆……

剛才說到，我的成本是在 8025，兩口，賺了 175 點。

遠離成本 200 點以上我就會開始準備加碼，那麼這個數字就是在 8250 附近，因為本來就不遠，所以很快就到了，但我擔心一個回檔把自己的利潤吃光，所以我等待，直到行情到了 8300，我再次攻擊。

因為我第一筆部位是兩口，依照規劃，要嘛不賺，要嘛暴賺，我進股市就是要討自由，所以我堅定執行自己的想法。而且我知道，最危險的就是前面的這幾次加碼，只要脫離成本區，後面會

非常驚人，於是我在8300等比例再加碼兩口。

此時的成本：

（8025*2+8300*2）/4=8162（四口），獲利28000元。

報酬率已經來到14%，仍舊不是可以讓我翻身的行情，另外，下一次的等比例加碼就是四口，事情開始變得有點恐怖，但我一定要堅持下去。

而因為口數變多，在這段時間的加碼可以比較隨意，不需要一次進去四口，可以一次一口的加，也可以依照技術分析進場。依據經驗，我大概知道行情不會回頭了，而且已經獲利在身，拿到免費賭金的我一點都不怕，最後我在8300～8600的位置多加碼了七口，一共有十一口。

此時成本大概是8370點（十一口），獲利12萬多，本金20萬，帳上已經來到了32萬多，另一方面我打算繼續把存款投入來擴大獲利。

我就這樣一路加，一路加，大概到了8800點的位置，我應該有了十五二十口的部位，成本不到8500，帳面上大概是45萬，也就是本金20萬的兩倍多。

行情在8800，我的成本在8500。大家覺得如果是你，接下來會怎麼做？

　　已經賺很多了，我有300（8800-8500）點的空間保護自己不被行情洗出場，我此時心中想的就是要怎麼一邊擴大戰果，一邊防止自己被200點以上的回檔掃出去。

　　到這裡我想問大家一件事情：如果老天讓你的人生拿到好牌，你會怎麼做？

　　如果在撲克牌桌上，我們拿到了AA，你會想怎麼打？牌桌上是這樣，情況若是我們拿AA，而對手拿爛牌例如38，那我們贏不了太多錢，因為對手沒膽下注，對手會怕。如果你有看過任何賭神系列甚至007的皇家夜總會電影就會知道，在一個賭局裡面如果會大贏，一定要對手也拿到好牌，但你的更大。

　　因為只有這種情況，你們兩個會把牌面推到ALL IN，而只有這種情況，才會暴賺。也就是說，在賭局裡，我們一定要先射箭再畫靶，有一句電影台詞是「贏要衝、輸要縮」，拿到好牌當然要拚一把。

　　所以此時的關鍵，並不是技術分析底下的勝率。

　　假設，在這裡繼續下注的勝率只有20%，勝率連一半都不到，很多在市場的老手也會認為，勝率這麼低，長久下來這樣做，一定會輸錢。大家覺得在這種情況下，應不應該理性放棄？

　　還是，儘管勝率不高，可是人生很短，機會來了總是需要一點不理性，拿到好牌我們可以選擇拚下去？

　　前面說過，對一般散戶來說，股市不能講機率，遇到好機會一定要想辦法盡可能的拉大獲利，哪怕贏面只有5%。我不允許自己有致富的機會，卻只有賺到10%、20%而已。

4. 突破上緣時，不管任何技術分析，到自己滿意的報酬就賣掉。

　　我常說股市不是數學題，而上帝也從來不會跟我們擲骰子。我更是一直不斷強調，太多人學了很多技術卻沒辦法在股市獲利，就是太把股市給數學化了。

　　雖然，只要大夥研究技術分析越久，一定會發現有些地方勝率特別高，但我還是希望大家不要太在意這個，因為假設我們一年買賣30次，那十年也不過300次，300次的買賣次數在統計上叫做樣本數不足，既然樣本數不足，我們就不能死背機率。

　　剛才說到，我的成本在8500點，而當時的行情在8800點，我心想這個地方要盡量把錢全部丟進去。

　　我知道從7800點一路上來，漲幅已經高達1000點了，可是因為在這波行情的前段，因為剛有獲利所以比較保守，而現在全部都是我賺來的錢，在股票市場有個順序，「保本→一致性的獲利→卓越的報酬」，剛進場要小心，進場後要讓自己有基本獲利，都有了以後，開始可以拚暴賺了。

於是當行情默默地走到9100附近的時候，我又加碼了十多口進去。我本來想再多買一點的，可是過程中不太順利，但也很恐怖了。

此時我應該有三十口，成本大約是8700，帳面上的獲利，已經來到了75萬的加速段，我的總資金已經來到了將近百萬大關。老實說，這個時候是非常非常恐怖的，我的心情就像雲霄飛車。還記得當時我母親剛好出國，她出發前我帳面上只有40萬，她回來的第一天竟然已經增加到百萬級，而當年我才25歲，只是一個月收入三萬的補習班老師而已。

接下來更恐怖，每漲100點我會增加15萬，也就是說從9100開始，我即使都不加碼繼續拚，只要漲到9600點，我可以賺到超過200萬。

要不要繼續加碼呢？

我有點擔心自己幾個月來的收穫化為烏有，我對自己好不容易賺到這麼多錢感到恐懼。我清楚記得，中午吃飯時間走在路上看到一台銀色的BMW，我看著它，我知道，我現在就可以用現金買進。

一方面恐懼、一方面興奮，但即便是如此，我還是繼續加碼，因為我的大腦告訴我，自己進股市不是為了賺小錢，而是為了暴賺的瘋狂獲利。

　　我繼續大筆大筆的加碼，當行情來到高點9780的時候，我竟然賺到了230多萬，最後我感覺盤勢非常不對勁，我在2007/7/26出清一大批，7/27盤中全部出清，此時我的戶頭餘額是17x萬。不到三個月，我從一個身上只有20萬的補習班菜鳥老師，在股市賺到了快200萬；這一戰，奠定了我人生股市操作的所有的技術基礎。所以認識我的人都知道，我總是不斷的重複一個觀念：**不要把股市當數學，不要認為上帝會和你擲骰子，贏要衝、輸要縮，想辦法把獲利最大化才是關鍵。**

　　更不用說，我生命中遇到很多高手玩家，幾乎每個人也都有同樣的經歷。逮到機會想辦法暴賺，真的是在市場最關鍵最關鍵的事情。

　　在這一波行情裡，我只有剛開始的買點很注意，後面就是自然的讓利潤發展。

　　而最後的出場點其實很不科學，它是盤感＋可接受利潤＋不願意回吐的一個結果。在這段行情的例子裡，雖然認識我的人都知道有很多技術分析的買賣成分，但其實真的能大賺，靠的還是自己堅持「暴賺」的決心。

運用J派戰法要注意的事

最後有幾件事大家要注意。

首先，只要不是勝率超過九成的買賣方式，都一定要遵守一個原則：「有賺不能賠」，絕對不要讓已經賺錢的單子變成虧損，這個規則相當重要。

一個好的買點，買進不久後一定會漲起來一下，無論是前面我提到的「J派早期布林」還是「J派逆布林」都一樣，當大夥在學習所有技術分析方法的時候都要注意這個細節。正確的買點買進後絕對是不用等的，因為所有的技術分析都是建立在「短線情緒上」，所有技術分析都不是一套中長線的規劃。

那既然如此，表示我們短線看對也買對了的話，那麼股價就會彈起來一下。

彈起來成功，行情順利繼續發展，剩下的就看我們想怎麼停利；彈起來一下又跌回來，表示能量不夠強所以趕快出場，不要凹到虧損，不需要，原則上買進後十天又跌回原點我就賣光了。

也就是說，10次裡面只有賺到1次也沒關係，因為另外9次不全是虧損，甚至9次裡面超過一半是靠著「有賺不能賠」出場，這就叫做策略，不靠預測、不靠準度，股市本來就是靠著一些基本的買賣原則賺錢的地方。

　　第二件要注意的是，你在這本書或在網路上看到關於 **JG 講述的所有方法，只能拿來做多，不能放空**。這並不是因為我的方法放空勝率有多差，而是只要你肯堅持「只做多」，那麼報酬率才有機會很可怕。更不用說台灣的股市規則對放空非常不友善，而國外市場大部分的時間也都是多頭，我還是勸大家少放空，口袋才會多多，時間不會浪費掉。

J 派逆布林整理：

1. 在布林通道下緣位置買進。
2. 每漲 250 點（自認穩定者可抓 200 點）買進等比例第二筆。
3. 待布林中線上彎，每遠離成本 200～250 點，依照風險承受度想辦法投入第三筆、第四筆……（極限加碼法）。
4. 突破上緣時，不用管任何技術分析，達到自己滿意的報酬就賣掉。

　　我希望大家在閱讀本章時，要盡可能的把重點放在我當年的「選擇」，而不是當年所用的技術。因為書籍表述形式的限制，很多細節技術無法透過文字說的那麼清楚，而我也在事後發現，關

鍵是「如何選擇」決定了整筆交易的成敗。細節或許能決定賺多
賺少，但如何做出抉擇才是關鍵。

　　本章大概可用幾句話總結：**用「反市場」避開主流才能暴賺，
別把人生交給機率，拿到好牌就狠狠賭下去。**

第 2 篇

運用「反市場」思考，從此遠離輸家

輸家

鑽研技術
預測股價
恐懼賣出
只求穩定
衝動下單

主流思維

反市場

贏家

享受策略
掌握人性
不怕不買
賭對暴賺
鍛鍊情緒

　　自媒體《JG說真的》成立以來，每天都會收到非常多股民來信詢問與求助，加上我長期針對股民的訪談與一對一指導，累積了很龐大的「輸家資料庫」。

　　我發現一個很驚人的事實。

　　市場上超過90%的人成為輸家的最大原因，竟然是來自市面上大多數的「主流觀念」。這些「主流觀念」被眾多媒體、假大師、股市達人跟網紅包裝得好像很厲害、很有道理，導致大多數剛進市場的新手都會被蠱惑。

　　無知被迷惑是人之常情，但一個人被雜誌、新聞、網路轟炸久了，他的潛意識還真的會以為這些觀念是真的。大多數媒體只提這些觀念的光明面，卻隱蔽掉高風險或難以執行的陰暗面，或許他們從來也沒搞懂過，只是像鸚鵡學舌一樣，把錯誤觀念不斷地傳播下去，反正最後只要宣稱「這些觀念與方法僅供參考，投資是個人行為還是要審慎理性」，就可以把責任推得一乾二淨。

　　大多數輸家最痛苦的一件事，莫過於不斷賠錢之外，心中卻始終認為「我應該是用對的方法，但為什麼沒有用」，覺得市場永遠欠他一個公道。

　　當然，所謂的「主流觀念」很多也是很棒的，只不過，任何人只要進入股市一段時間，就會明白股市本質其實是人性戰場，只要忽略人性弱點，就會落入九成的輸家圈。

　　因此，擺脫輸家的第一步，首先就是利用「反市場」思考，來清除掉腦中這些被長期填鴨的毒素，同時了解人性的弱點與真相。

第 **4** 章 | 不合人性，
任何方法都會賠錢

　　很多人都會問我，為什麼學了這麼多，對於投資充滿了熱情，
卻總是沒辦法在市場獲利，做了很多卻一點都沒有回報。以我的
經驗來說，這主要是因為忽略了「人性」這個最基本元素，導致
大部分人知道卻做不到。

　　比如說時下最流行的存股跟當沖吧！

　　存股與複利效應，這些說起來很健康很正向的投資方法，聽
起來很容易，但由於並不符合人性，所以做起來很難。

　　例如年輕人沒本錢，他存股的失敗率其實很高，大部分的原
因主要就是存不住。又或者很多人嘴裡掛著相信複利的威力，但
一看到高風險的好機會，還是忍不住衝進去。

　　而目前最流行的短線當沖，更是讓非常多股民慘賠到難以翻
身，這件事跟準度有關。很多投資人，尤其是自認數理底子強的，
都認為自己可以成為高手，覺得可以強化準度。

　　他們覺得自己能抓到別人看不到的短線波動，這不是說做不
到，但真的不容易，因為短線波動是靠盤感，盤感沒有經年累月

的盯盤是不會出現的，更何況有盤感並不夠，我們拿著真金白銀買賣股票，一般人沒像我當年專心投入三五年根本不行。

而三五年的壓力強度可說是職業選手級的，不但非常違反人性，一般人尤其上班族也必然撐不久，而且你也沒聽過哪一種職業運動可以打一輩子吧！

最後，**股票市場的最大錯誤就是「預測」。**

我現在寫這章的時候，股市正出現一波恐慌式的下殺（2019年，8月6日），這兩天因為川普宣布了要加徵關稅10%，美股出現罕見的連續重挫，台灣股市也在五天內跌掉了快要800點，800點在台股就是個大事情，很多人認為應該還會繼續下殺。

我的營業員說，他們的客戶好多都在這兩天停損了，大家覺得這波跌下去大概還會跌個幾千點，是股市崩盤的起點，所以先賣出為妙。

結果當天就是最低點，從此股市一路頭也不回的上漲，除了基本面教義派，網路上99.9%的技術分析大師，全部都死在沙灘上。傳統技術分析有許多缺陷，尤其是預測，大家切記要小心再小心。

在股市裡，很多人總以為自己有一天可以判斷明天的走勢，可以知道明天的漲或跌，甚至可以預判國際上的變化。

很難，這真的是不可能的任務。

　　我希望利用這一章，透過我多年來專職與訓練的經驗提供一些實務上的建議。

　　如果真的把投資當成一輩子的事情，那一定要符合人性。

4-1 穩定的陷阱 1：複利

很多人想到複利時會有個直覺：低報酬率＝安全。

因為市場上流行一個觀念：「高風險伴隨著高報酬，風險低自然意謂著報酬不會高」，也因為這樣，所以一般人會認為安全的財富增長方式，就是利用長時間＋低報酬率（10%上下），來進行複利累積。

但複利本身的意義其實是，用賺來的錢不斷再投入股市去利滾利，所以想要利用複利累積財富，關鍵不是安不安全，而是要持續不斷的高報酬率才行。

包括我自己與認識的真正複利實踐家都認同一件事情，也就是股票市場的獲利「一點都不穩定」。真正股票市場的獲利模型，其實是不斷靠著時機好的時候想辦法多賺，時機差的時候想辦法閃掉或盡量少賠，也就是所謂的「大賺小賠」。

而且，就算有些股市方法真的可以提供「穩定」的低報酬好了，就我看過的大多數股民而言，「穩定」並不符合大家內心的聲音，真正想穩定的人只會選擇定存。

根據我這幾年跟股民互動的調查中，進股市的人大致上可以分成三種。最積極的人會希望自己在一年後財富倍翻，最消極的

人會希望自己五到十年後的財富增加到「足以退休」，而將近八成的人，都告訴我希望在三年內能夠把手上的資本擴張到自己滿意的水平。

大部分的人都是因為不滿意現狀而來到股市，因為現狀太痛苦了，所以我們都想要盡快脫離。複利累積雖然聽起來有道理，但大多數人在實際執行的時候都會沒有辦法堅持，讓自己的買賣變混亂，買賣混亂就一定賠錢，這是再也正常不過的事情。

傳統複利難以執行的原因來自這個人性弱點：想「穩定」卻又嫌「太慢」。

「一年初嚐穩定甜頭，次年妄想飛上枝頭。」

根據前面的調查，大部分的人都希望在三年內達到自己想要的財富水平，所以想徹底執行複利投資法就一定會失敗。

我一個高中同學小廷，他在遊戲產業做機台測試，薪水大概一個月將近6萬。他這幾年秉持著複利累積的概念去買基金，幾年過去也大約投入快100萬，因為運氣不錯，他手上基金真的平均一年有超過10%的獲利。

問題是他每次見到我都會問我，股票該怎麼買、期貨該怎麼學，甚至前陣子也開始學我買國外股票，問了我複委託上面的問題。其實不只小廷，大部分的人即便是每年可以穩定賺個10%也不會開心，因為一年賺10%並沒有辦法幫大家脫離現狀；一年賺

10%，離財務自由至少還有20年以上的距離。

後來遇到小廷，他說自己其實在2018年10月那波下殺賠慘了，當時因為基金賺「太慢」，聽同事說自家公司在大陸發展得非常好而決定贖回來投入股市，遇到股災後，原本的100多萬現在只剩下80萬。如果他抱著手上的基金不動反而還會多賺，他說自己很後悔亂換標的，問我現在該怎麼辦？

這就是因為內心其實不滿意「穩定」所造成的虧損。

達成複利累積的兩個建議

對於克服「想穩定卻又嫌慢」的人性弱點，來達成複利的實際方法，我有一個跟坊間比較「不一樣」的觀點。

首先，雖然很多股市贏家都在強調複利與累積，但就我所知，那主要是在投機後期的規劃，他們幾乎所有人在剛進股市或資金累積初期，還是會專注在「暴賺」上面。他們都很願意在開始時承受多一點的風險把本金擴大，等金額大到自己會怕的時候，才開始想辦法打安全牌，追求穩定獲利，讓下半輩子不再有後顧之憂，未來也可以照顧子孫。

所以我建議的股市致富路線，一向是「先求暴賺，再求穩定，最後求不敗」。

就拿我或國外這些知名的操盤手來看，沒有一個人不是在初期用融資甚至操作期貨來擴大獲利的。我在24歲的時候也是先靠期貨賺到第一個400萬之後才開始學習股票，很多人問我為什麼這麼勇敢一開始就做期貨，但我反而會認為如果我那時候做股票，肯定會因為賺得太慢而操之過急導致失敗。回頭看，好險我是從事了符合自己內心需求的商品，我才能如願以償的成為一個專職操盤手。

我當時的個性是一定要冒險，對於當時的我，因為一無所有，就必然要暴賺。

但如果你不像我當年，或許你進股市時已經有一筆不小的資金，也或者工作的收入很不錯，甚至個性本身就偏好穩定，那麼我在這裡可以給你兩個達成複利累積的建議：

1. 追求大賺小賠，並且把停損當成賺錢的入場券

想要以複利來累積資產沒有什麼不對，但在股市，複利的重點要做到「大賺小賠」才行。太多人為了怕賠錢，所以要求的報酬率都很低，但這其實是不對的。做股票就像做生意，想要賺錢就不能怕進貨賠錢（不能怕停損），而且既然有成本，就是預期有高獲利（高風報比），有這種正確心態才能做好股票。

真正的複利，就是要不斷地進貨出貨，承擔進錯貨的風險，享受高價出貨的利潤，而這裡所謂的貨，就是股票，不怕停損、才會賺。

2. 趁年輕用小部分資金學習暴賺

所有我認識達到財務自由的人，都在年輕的時候衝過一波大的後，才開始要求穩定，這也是一個適用於大部分專職投機客的路線。

我認識一位開投資公司的高手，大部分的人都知道他是一位極度穩定的操作者，一年要求的報酬率是15%，以他目前手上的資金來說，十幾年後就可以有一億，這是很棒的退休計畫。

但其實他年輕的時候是靠期貨先賺到數百萬後，才開始追求所謂的「穩定」。在追求穩定15%以前，他對報酬率的期待更是以「5倍」以上來看，這是後來才認識他的人想不到的。

如果你想要邁入專職交易的人生，那麼本小先用大槓桿暴賺、擴大後再創造穩定現金流，絕對是最適合大多數專職操作者的方向。如果你的個性沒那麼衝，或有不錯收入、沒打算專職，我也會建議你至少要把眼光放在「三年賺一倍」的累積暴賺，在這個賺錢模式的基礎上，去發展自己的交易策略。

　　無論如何，想要達成複利效應，最重要就是「先求暴賺，再求穩定，最後求不敗」，這才是正確的股市致富路線。

4-2 穩定的陷阱 2：存股

　　自從我2014年開始寫部落格以來，我觀察到整個市場的風氣出現幾個對投資人比較不利的現象，那就是「股市招式」在台灣彷彿搖身一變成了像流行服飾一樣，每個人都可以隨時學這些招式，學了就可以隨時上場賺錢。

　　不管適不適合我們，某個「股市招式」都會在某個時期「非常集中」的出現在你我的眼前。

　　其中一個不知何時竄起變成主流的觀念，叫做「存股」。

　　在2017到2018年這段時間，你每天打開雜誌都能看到數不完的存股技術和心法，更會看到無數的素人專家宣稱身上持有上百張的某某銀行股。這些人的故事幾乎都很像，他們常說從十年前就開始持續買，到現在已經變銀行或所謂好公司的大股東。

　　他們勸大家用最無腦的方式進入股市，覺得手上有資金就可以逢低買進，而且一存就要至少10年以上，只要靠時間累積你就能成為股市和人生的大贏家（他們習慣在臉書放很多遊山玩水的照片或是巴菲特的名言）。

現在市面上的存股概念，經過我的觀察，基本上是由三個架構所構成：

存股概念：隨時買＋賭不會倒＋高殖利率

存股派認為市場不可能預測，所以希望投資人不要在意股價的波動，隨時買。

存股派最喜歡的標的大概有台塑四寶、金融股、中鋼、台積電、以及各種每年配股配息很多但股價不是特別貴的公司，也就是所謂的高殖利率標的。

這些標的，回頭看其實都是賺錢的，而且運氣好的話還能選到漲很多的標的，我在下方列出過去年（2018）三檔靠「存股」會賺翻的股票給大家：

- 南亞：從2008年開始每個月投入一萬買入當定存，年化報酬大約9%，十年累積可以獲利1倍左右。
- 玉山金：從2008年開始每個月投入一萬買入當定存，年化報酬率為13.2%，十年累積可以賺快2.5倍。
- 台積電：從2008年開始每個月投入一萬買入當定存，年化報酬率為21%左右，十年累積可以賺快4倍。

這是我列舉出來市場上最強的一些存股標的，相信大家看到這裡應該會開始躍躍欲試，想像自己在十年後可以發大財。

存股這個策略，聽起來很穩定很合理，但我沒想到在進行YouTube頻道《搶救股民大作戰》訪談後，發現虧損最驚人的族群竟然是「過於放鬆的存股族」。如果讀者們有經歷過2008年的金融海嘯，或者身邊有經歷過那段時期的朋友，一定會知道我在說什麼。

那一年的下跌，有太多的金融股甚至是銀行官股的持有者都選擇認賠殺出，而且一賠就是五成以上。

但，其中大部分的這些談論存股書的作者，不一定經歷過金融海嘯時期那段恐怖的下殺期，更不用說，台灣股市這十年來都是上漲的。為期十年的瘋狂上漲在台灣並不是常態，據我所知，有不少人表面上堅持存股，但其實在2018年底的下殺都因為虧損過大而出清持股。

近年來流行的存股方法有著許多錯誤的觀念，**前面提到的「隨便買」、「賭不會倒」、「賺股利股息」這三點，絕對不會是股市致富的出路。**當股市大漲時，這三個公式會讓人誤以為很正確，但遇到股市下跌時，這三個公式就會成為致命的虧損。

存股概念的盲點

在這裡，我要先跟大家提出存股概念的兩個盲點。

1. 隨時買、固定買的策略，低估進場成本

據我的觀察，因為心態上是「存」，所以存股派通常都不太在意買進技巧，以至於成本過高，常常一個下殺就容易把這些人弄得不知所措。

我並不是說長期持有的策略不好，但是你在什麼位置開始存股，結果會有非常大的差異。以存十年來看：

如果你是在2009年開始存股到2019年，績效會是最好；

如果你是在2006年開始存股到2016年，績效會稍差；

如果你是在2004年開始存股，存到2014年，績效會非常差。

我替各位簡單做個結論，如果我們每個月投入資金，超過一半的成本是在歷史低點，那麼績效會非常驚人；如果超過一半的成本是在歷史中間點，那麼績效會比較差；如果在高點，那麼結果會慘不忍睹。

很多人認為存股「不用看」高低檔，但光是不同的進場點，心理成本就不一樣，因此隨時買、固定買絕對是個致命策略。

　　我知道很多人看到這裡，心裡應該會想說，那我只要開始研究大盤位階以及景氣循環應該就能克服了。事實上存股還會遇到另一個實務上的恐怖問題，即便是股市老手也幾乎沒有人能克服下面這個人性弱點。

2. 忽略帳面虧損的人性反應

　　以市面上最多人推崇的優質存股名單來看，也只有少部分在這十年之間不用經歷腰斬似的折磨，另外有超過六成的比例，會讓我們在存股的過程中「至少」使我們的資金跌掉一半，有的甚至連原本股價的 30% 都不到。

　　以大家公認的優質存股標的南亞來說，最高有到 99 塊，最低有到 31 塊。2011 年的情況比較好，但也從最高 88 塊在一年多以後就跌到了 46 塊。

　　想要執行存股的人一定要想清楚這件事情，如果辛苦存了一筆 100 萬打算存股，是不是有辦法「忍受」自己在存股的波動中經歷只剩下 50 萬的痛苦，而且股價下跌遙遙無期，市場上絕對是壞消息一堆，感覺沒有一間公司不會倒的，此時所有的人都會勸你要「停損」。但偏偏**停損的觀念和存股的精神是衝突的**，此時你會把自己逼到一個非常困難的處境。

100萬跌到50萬，如果忍不住，那所謂的優質存股就變成了一個空洞的「理論」，因為沒有任何人可以用這個方法賺到錢。

即使持有標榜高殖利率與不會倒的好公司，也抵擋不住帳面虧損這個人性機制。

在我的「輸家資料庫」裡，有不少存股的朋友就深受其害。他們已經是有一定股齡的投資人，卻仍然承受不住股市下跌的痛苦，更巧的是，存股族的賣出點常常都是股市的相對低點。因為沒有人可以忍受自己辛苦存來的錢憑著「公司很安全」而堅信的存下去，而存股這個策略是經年累月的買進，回頭一看，我們買進的金額通常都會很大，大到沒有人捨得賣出、捨得出場，也因為如此通常一賠就賠很多。

100萬變成90萬是小事，可是當100萬只剩下70萬的時候，大部分的人真的很難做到心中無股價這種境界，能做到的人大部分是高資產者，而他們能做到也只是因為其他地方還有眾多資產，因此股票對他造成的心理波動相對小，這是和一般股民最大的差別，也是我不建議用傳統存股法的主要原因。

以市面上大家喜歡的「一堆」存股標的來說，真的有辦法賺錢的，本身股價都有上漲，簡單說就是不能單靠配股配息。

至於為什麼不能單純靠配股配息，原因很簡單：賺得少、跌得多（小賺大賠），存股因為時間拉長，要面對的是100萬剩下50

萬的下跌風險，而這個風險遠超過正常人對帳面虧損的忍受度，如果單靠配股配息根本不可能有人抱得住股票。

優化存股方法的三個建議

當然大部分會選擇存股的投資人，應該都是工作或家庭較為忙碌的人，我在這裡有幾個建議，來協助大家優化存股方法，希望幫助各位真的能從股市獲利：

1. 存在最有利的景氣區間

如果你買進股票的心態是長期持有，就代表你的買進策略是「在大部分的時間都擁有股票」（不一定是存股），並且想要享受複利所帶來的果實，那麼，一定要想辦法學會觀察大環境的變化。

如果你打算靠著長期投資提早退休，請花時間研究公司產業，每個月的營收也請務必追蹤。但除了這些，一定要弄懂的就是總體經濟學，這是所有長期贏家的基本功。

因為「長期持有」這個策略，會讓獲利百分之百跟著大環境的景氣在走。花點時間買一本簡單的總體經濟書籍，把最簡單的幾個經濟指標弄懂，當景氣反轉時你的獲利才不會瞬間化為烏有。

2. 跟公司一起「成長」

　　打算存股的人，要注意不是先看殖利率，而是先看價差，而在股票市場價差的來源就是公司本身的成長，所以存股不能只用「賭它不會倒」的策略去買好公司。

　　假設我們買的是不會倒的公司，那麼中鋼和玉山這兩檔股票的價值就差異不大，但如果當初選中鋼，100萬丟進去經過十年也只有120萬，但如果丟進玉山金，十年過去100萬卻能夠變成213萬。

　　玉山金能賺這麼多沒有別的原因，不是因為它很安全，而是因為它「會成長」。

　　但如果你真的要長期持有，我奉勸大家心態上絕對不能只是完全不管股票的「存」，在存股的同時，也該遵守那些買賣股票的核心原則，例如去追蹤月營收或其他財務數字等安全機制。

　　會不會成長，市面上有很多說法，比如說看財報，但在裡面大部分的數字都是過去發生的事情，也就是說我們很難從這些數字裡看出未來的「成長」。唯獨一個部分，就是**現金流量表裡面的「資本支出」**，這裡面充滿了 CEO 及大股東對未來的展望，如果真的要看財報來找出成長力道，配合消息面並且用力檢視這一個項目，往往可以找出令人振奮的蛛絲馬跡。

存股真正要存的，其實就是這種公司。

另一個訣竅，是挑選資本額較小的公司，以台灣的企業，我建議資本額在 20 億以下的成長動能較強，而且存股一存都要超過五年以上，一定要注意「未來性題材」以及資本支出。

把錢存在這間公司，意味著我們想當它的長期股東，跟著它成長才能靠它暴賺致富。永遠記得，成長擺第一，而股利股息只是我們的附屬品。

3. 務必等待，找好機會一次出手

大跌大買，不跌不買，價格便宜最重要，一定要修正「隨時買」這個策略，也不需要每個月固定存，累積資金至少一兩個月才能買一次，而且每次買都要是盡量買在大跌才行。

只不過單純存股的效率還是不夠好，所以我建議存股朋友一定要多鑽研技術分析。除了巴菲特，史上厲害的年輕投機客大多是基本面、技術面雙修，因為技術面可以讓你更了解波動的意義，研究技術面才可以讓你買股票時更能抓到人性，你也才能找到最佳買點。

4-3　準度的陷阱1：當沖

人人自稱當沖股神

在2018年中，股市陷入了長期震盪，甚至在年底出現了破壞性的下殺，長期投資族的信心也隨之動搖。在那段期間，網路跟書局突然冒出一群自封當沖達人甚至某某股神，不斷鼓吹當沖是輕鬆好賺，馬上就可以學會的「絕招」。

尤其是當政府開始實施現股當沖證券交易稅減半優惠政策後，當沖交易金額大幅增加四成。

這如同賭場入場費低到近乎免費，導致許多股民以為，可以幾乎「無本」進行短線當沖。但手續費便宜和打敗對手其實是兩回事，畢竟降低成本是無論大戶還是小股民都有佔到的便宜。

在《搶救股民大作戰》的輸家資料庫中，賠最慘的就是當沖一族，短線交易是最容易把人變成賭鬼的遊戲，很多上班族，都是因為一時忍不住誘惑，所以在幾個月內將好幾年存的本金一次賠光：

「那些老師說當沖很適合上班族，我在課堂上看老師秀出來的指標真的都很準，但我回去照做卻幾乎都是賠錢。同學勸我說指標出現不管賺賠本來就應該照做，這只不過是機率問題，老師也要我千萬別洩氣，但最後卻把我辛辛苦苦存的錢給賠光了……」

對於當沖，我不得不說重話。我以一個十幾年來專職操盤人的身分以及股市媒體創辦人的身分告訴大家，所有你聽到看到的當沖教學，幾乎都是不可行的。

在短線的世界中，所有的秘密根本沒有被公開的可能性。

台灣股市是淺碟市場，簡單說我們股票市場成交量是相對的小，而當沖又是更小世界的戰場，只需要區區幾百萬就可在裡面上下其手，擾亂行情。

我請大家想想，如果我們選擇當沖這個工具打算在股市獲利，我們的對手會是那些人？

首先，你面對的對手有來自券商的操盤室。他們的硬體設備一流，基本上你每下一次單都會慢他們兩步以上，你的手續費也和這些人完全沒得比。

再來，你同時要面對一些「很有盤感」的短線高手。當沖是一個不可能科學的學問，而操盤最困難的就是「憑感覺」，所以兩者一旦加在一起，就成了一項不可能的任務。

　　我的一位老友志剛，是真正的當沖好手，他的職業其實是一位營業員，志剛的做法是每天早上在開盤前，收集所有可能用的到的股票消息，並且對這些消息做出一個真實的多空判斷。

　　第二步，他會在盤中盡可能地用各種方法抓出當下被報導出來的股票，並且和開盤前的消息做比對，有賺就跑，不對就砍。他曾經這樣從幾十萬一路做到 2 千多萬，厲不厲害？當然厲害，而且我衷心佩服他。

　　但有兩個問題卻始終縈繞在我心裡，他能這樣生活多久？另外，2 千萬真的算多嗎？而且，這些獲利是不是沒多久後就會吐回去？

　　我在早期操盤階段因為追求準度，而不斷當沖將身體種下禍根，讓我後來在加護病房一住就是兩個月。我所認識的幾位當沖高手，幾乎不到四十歲身體都變差，而每個當沖高手的眼睛都逃不了各種後遺症，甚至必須動刀的命運。

　　更別提天天當沖對作息要求導致的精神煎熬，我有幾位做當沖的學生，每天 8 點前得在電腦前備戰，不但前一天賠錢檢討到很晚甚至熬夜苦思，隔天早上還要想辦法從床上爬起來。你可以問問自己：這是不是你要的生活？

最後還有一個實務面問題，如果你要做短線當沖，是得天天盯著盤面的，而且必須靠「準度」，在非常精準點位、非常快的出手，而且要用這樣游擊式的賺錢，一天交易個十幾回是跑不掉的。

如果你是個上班族，要怎樣才能在準確的時間操作當沖？我看過太多人因為當沖無心上班危及本業，而且還賠了一大堆的雙輸結局。

所以當沖真正要賺錢，必須先克服三大難題：

1. 技術超越強大對手

2. 必然的身心損耗

3. 本業與盯盤衝突

這都是非常違反人性的苦差事，任何事一旦耗力就難以堅持，容易放棄，長期致富的路很快就會遠離你。

當沖賺錢機會是所有買賣方式裡面最困難、也最難持久的一種。要連續以當沖賺錢，不要說三年，我覺得要超過一年都不容易，因為我們都不是股神。

因此我拜託大家，做股票若是想要賺十年，千萬要想辦法用「省力」的方法。

　　本章的目的是希望告訴大家當沖是幾乎不可行的賺錢之路，但如果你真的還是對當沖有興趣，可以重看第3-2節，J派逆布林戰法。當年，我在操盤第一階段賺九倍，現在想想當年或許多了些運氣，如果你希望當沖能不斷大槓桿暴賺，可能要有踏上煉獄之路的覺悟。

4-4 準度的陷阱 2：高勝率

準度的不可能任務

股票市場就像小時候打的電玩，每個人剛進來都會覺得自己就是世界上獨一無二的勇者。其他人賠錢是因為他們對公司研究不夠深，更重要的是，其他人賠錢是因為他們抓不到股價的波動，而自己可以。

就是這個萬中選一的信念，讓無數的交易者跌入了股票市場的賠錢深淵，讓一堆人把在專業領域賺到的錢給賠光。其實，我年輕的時候也和這些人一樣，只是我比其他人更努力，我熬過了這段一般人進股市最艱澀的時期。我現在要告訴大家一個關鍵，就是**不要專注在預測，要改成專注在「期望值」才對，因為靠「準」致富是既困難又沒有必要的事情。**

大部分剛進市場的人都希望勝率越高越好，但若以NBA來比喻，我們一般人在股市要贏更需要的是投三分球，命中率沒有比灌籃高，但得起分來更有效率。

在股市，高期望值買賣觀念非常重要，我用兩種不同風格的交易員給大夥來舉例，大家可以想一下，如果你是操盤公司的老闆會錄取A或B？

● A交易員：勝率9成，每次贏平均可以賺10萬
● B交易員：勝率3成，每次贏平均可以賺30萬

就機率來說，這兩位交易員長期來說可能績效都差不多，A交易員是安打型，而B交易員比較像是長打型，雖然差不多，但這兩位如果給我選，我會毫不猶豫的選B交易員到我公司裡。因為上帝不會跟我們算數學，進股市也不是機率遊戲，更不用說高期望值的交易員常常都是能在股市裡致富的散戶，十個裡面有九個是靠每次進場都賺到飽而致富的。沒有好機會不輕易出手，逮到好機會就緊咬不放，每次進場都有機會高獲利，這才是我們散戶該做的事情。

「避免高勝率而掉入虧損陷阱」，有人聽到這句話，可能會覺得那乾脆在金融海嘯的時候一次進場賭身家，豈不是更快？我會說Yes，但每次機會都要等超過五年以上，甚至超過十年都不崩盤，大部分人是等不及的，所以我覺得要折衷，畢竟獲利和信心都需要累積。

　　我剛進股市接觸的是台指期貨，台指期和股票最大的差異在於，台指期貨對應的就是加權指數的漲跌，期貨並沒有財務報表、產業未來、或者內線消息可以參考，期貨單純的就是看漲買多，看跌賣空的遊戲。所以當時的我，把所有的心力都放在指標、型態等技術分析上，當時我的目標和大家一樣，我想「預測未來」。

　　直到後來我打開自己的交易明細，我發現即便是我這麼努力的想預測未來，但我賺錢的單子卻超過一半是出乎自己當初進場的預期，例如我本來想大賺一倍的股票，買進後結果停損，也有我本來以為只能賺30%的股票，買進後卻賺了一倍。

　　原來，我賺到的所有錢，都是來自於我對策略的調整，幾乎都不是我進場前自以為是的「預期」。

4-5 預測的陷阱

預測跟準度是股市輸家的好兄弟

我當時對預測股價非常著迷。我心想，厲害的操盤手一定能看出下一秒股價會如何變動，否則他又怎麼可能從市場賺到這麼多錢呢？

我剛進市場的時候也曾看過一篇報導提到，牛頓說：「我能計算天體運行，卻無法計算人類的瘋狂。」但牛頓只是個科學家，他並非操盤手，再加上我從小對自己判斷規律的特殊能力感覺到很自信，所以我並不怎麼害怕挑戰牛頓，我不覺得自己在交易的世界必然會敗給他。

直到我在2011年終於醒悟，原來自己的方法根本就不是在預測，而預測太多的交易也總是賺得不如規劃得多。

這幾年來，我從訓練的一批學生身上也看到，越是聰明的越習慣去預測股價。有幾位我一開始認為會是最優秀的學生，一路幾十萬累積到快七百多萬，但可能贏多了，開始覺得自己天下無敵，開始幻想自己可以預測盤勢，而慢慢績效變差。

我覺得很可惜，進市場的投資人何時可以體認到自己只是個人，而不是神？

不管技術面或是基本面，都發展了各種預測的做法：

1. **預測起漲點、預測止跌點**
2. **出現買進訊號、出現賣出訊號**
3. **買進時預測支撐點、賣出時預測壓力點**
4. **預期未來股價上看減少、判斷股價高低點、看到指標交叉預期股票會啟動趨勢**
5. **以基本面來講，預測下一季的營收、預測明年度的景氣好壞、預測世界發展……**

尤其最近中美貿易戰，大家一定都被川普搞的摸不著頭緒，甚至會有種感覺，在股市根本不用特別努力，只要follow美國總統的Twitter就好，不用學技術分析、不用看基本面分析，但這種預測心理很容易養成一種輸錢的進場模式：梭哈式的進出。

很多人在股市常常像是賭博電影一樣梭哈式的進出場，一筆單進、一筆單出。例如帳戶裡有50萬，通常聽到好公司就一天買進幾乎滿檔的資金，這種梭哈式進出的方式就會讓我們去追求準度，而準度恰好是股市最難做到的能力。

　　像這種情況，我建議大家採取第2-4節買賣原則的「分批」。

　　不預測低點，分好幾次做分批買進，不預測股價最高漲到哪裡，分好幾次做分批賣出，買進最容易爆漲的公司，不用一定要選擇體質安全的股票，不求買進後就暴漲，只求買進都是別人害怕的時機，而賣出都是大家過於樂觀的時機。

　　要做到這些，一定要先弄懂所謂的「反市場」心理。

　　以上所有預測性質的交易手法，你都可以把它當作一種高難度特技，我希望大夥了解，市場大部分的人，其實都是在追求一種不可能的任務。

　　真正操盤賺錢的關鍵不在預測，而在於反市場加上買進賣出間的處理而已。

第 5 章　脫離輸家的 「反市場」思考

　　在市場上的交易者大概可以分成兩種，一種是喜歡聽明牌、一種是喜歡聽招式。

　　聽明牌的我就不多評論了，但聽招式的人同樣會遇到很多問題，因為招式本身並沒有思考過程，許多股市書籍與課程的廣告，常常宣稱交易很輕鬆，我們不也看見許多強調交易只要「輕鬆三步驟」的大篇幅廣告。

　　確實能夠賺錢的交易步驟本來就不用多，但這些步驟如果只是依樣畫葫蘆的填鴨答案，而沒有整個思考過程的話，即便真的可以賺錢，到後來很可能會被一些小失誤給全盤輸回去。

　　海龜創辦人（Richard Dennis）的合夥人曾經說過，就算他把自己的交易步驟刊登在報紙上也不會有人照做，即使有人願意照做也沒辦法賺到錢，我認為主要是因為，刊登在報紙上的是冷冰冰的條列式答案，而它背後沒有任何推論。

　　因為交易獲利從來不是靠「答案」，交易獲利的根本是來自於「推論過程」。

如果結論並沒有透過任何思考過程，就沒辦法因時制宜的做任何變化。股市跟考試很不一樣，考試考不好頂多分數難看，但在股市可是要用自己的真金白銀下去搏命的，如果真的有個人拿到某位高手的「絕招」或「答案」，只要不知道背後的思考過程，當他要拿大錢去下注的時候絕對會心慌。

上個章節我們深入探討股市中的人性弱點，也瞭解到許多股市的「主流觀念」雖然帶有填鴨毒素，但透過思考而修正後，還是有賺錢的機會。

這個章節我們會進行另一種反市場思考，看看如何利用「爛方法」，比如很多人警告不能碰的雜誌跟明牌，透過「反市場」思考，甚至買「爛公司」也有機會賺到錢。

我會引導你開始體驗贏家的交易邏輯是怎麼建立的，這些方法一開始聽起來或許很不可思議，但當你看到最後會開始領悟，原來在股市只有利用跟大家都不一樣的「反市場」思考，才是真正可能的長期致富之道。

5-1 股市是個推理遊戲

很多人問我，JG 你說要成立一個新時代的股市媒體，到底是什麼意思？現在資訊已經這麼多了，到底還能玩出什麼新花樣？我常說自己並沒有要玩什麼新東西，我也相信我想做的主題很多人也都做過了。

唯一的不同是，《JG 說真的》是第一個用贏家角度去看股票市場的媒體。在我的頻道裡，每一個內容都是由我親自審核過的。

我從 24 歲開始專職操盤十幾年，我訓練出的學生甚至有人已經是操盤公司的創辦人，經過自己長時間與股市的相處以及長期對於這些贏家們的觀察和接觸，我整理了兩個在股市賺錢的道理。

1. 你用不了我的方法，我用不了你的武器
2. 技術越乾淨，賺錢越接近

先不講別的，我請大家跟我一起思考一個問題，如果你身邊有一個股票高手，你一路看著他操作股票從百萬到千萬、千萬到上億，他下的每筆單你都會在一秒鐘內知道，買進你知道、賣出你也知道。

他的一舉一動都躲不開我們的視線，那麼，我們是否可以就此無憂無慮的靠著跟單賺錢？

理論上是對吧？而且怎麼想都不可能失誤才對。

可是股票市場是個奇怪的地方，我剛才提到的都是實際上發生的事情，我的營業員認識我十幾年，我的一舉一動他都知道，但卻幾乎都是我賺錢他賠錢。

每個營業員只要在這個行業待得夠久，身邊一定都有許多「大戶」，但我卻從未聽過任何營業員有辦法因此致富，這是一個非常有趣的問題卻很少人去想過。

我的營業員阿銘，他是我從20萬起家的營業員，也因為進市場沒多久後我賺到了一筆大錢，在我出金（把期貨部位結算變成現金）的那一天下午，是他第一次打電話給我，我記得他當時問我的應該是選股問題。

他第二次請教我，是帶著他另一位金主客戶來拜訪我，一方面請教我問題，另一方面是要帶所謂的「金主」見我一面，希望我能幫這些金主們代操，讓我抽成（提醒大家這是違法）。

剛賺到一點小錢的人最臭屁最愛分享，所以當下我至少花了半小時和他說一些我的買賣方法，又因為他是我的營業員，我跟他說可以私底下反覆對照我的進出場點來參考。

也因為當天主題是金主希望我幫忙代操，所以沒有聊得太多，半小時要弄懂操作也不可能。過沒幾天，他說決定跟單了，只是希望邊跟單邊學習，順便知道一下我背後的操作原理。

可是有趣的是，他或許會跟著我買進，但大部分都會提早賣出或延後賣出。他知道我買哪一檔股票，但他總是還會買其他股票，又會在其他股票停損後，才決定「追買」我持有而且已經上漲不少的股票。

這些年來，他和我說了無數次：「唉，反正這麼忙，我決定全部跟單就好。」

但他就是永遠跟不了我的單，而且他總是亂買賣。

當我問他原因的時候，他的回答大概會是：

「可是現在大環境數據不好，我觀察幾天後再買進」

「可是我習慣等到 xx 再買」

「可是我的部位比較小，追高一點應該沒差」

請注意這個「可是」，在股市每個人都有自己的「可是」，也都幾乎是那九成的輸家。

「下單穩」來自清楚的買賣邏輯

我告訴他，如果你單純只是想賺錢但是跟不了我的單，那還是找你同事吧，他們身邊一定有大戶而且一定也會想跟單，你們就一起好了。我又說，同個辦公室還能一起討論，對他穩定賺錢應該會有幫助。

但沒想到一問我才知道，原來幾乎沒有一個營業員因為跟贏家一起操作而賺錢。我不知道為什麼，但他們就是連基本的跟單也辦不到。

我有天終於懂了，其實會進股票市場的我們都很像，我們進市場，都不只是為了「賺錢」兩個字而已。

因為股市本身就是一個超級好玩的推理遊戲，想做股票的人和買基金是兩種不同本質上的個性，甘願跟單、把命運交給他人的早就已經去買基金。

買股票的人，大多都想要執行自己的想法，想要靠自己戰勝這個遊戲。只不過基於現實考量（急著賺錢、沒做功課），很多人還是會想跟單。

只不過一旦將下單的主導權交給自己後，很容易一大堆愛恨交織、興奮恐懼就會圍繞在心裡，所以股市有一句話：「下單穩的，會去賺其他人的錢。」

所謂的「下單穩」必須要靠一件事情：要有「一套清楚的賺錢邏輯」。

我知道很多人都明白這點，而且看到這裡很多人心裡應該會想：「我認同，但我就是不知道如何在眾多資訊裡面，釐清自己的買賣邏輯啊！」

這一章節的目的是訓練大家的「逆思考」能力，所以我想先告訴大家一個重點：**在股市判斷越複雜，越會賠。**

我知道這聽起來會有點奇怪，我先舉個例子。大家看完以下這段分析和推論，覺得我們該買進還是賣出？

2019 年第一季每股純益預期下調幅度是三年來最大，2019年第一季財報最重要的數據是下季業績預測，壞消息是每股純益預估削減幅度，比正常情況下要大。好消息是每股純益預期的修正，沒有像上季那麼糟糕。

美國財政部長斯梅努欽（Steven Mnuchin）上週末暗示，如果美中接近最後談判，中方願接受違約懲罰，但是，梅努欽週一卻仍表態，雙方還有很多工作要做。

由於預期中國和美國不久將達成貿易協議，而聯準會抱持更寬鬆的貨幣政策立場，美國股市於 2019 年開始上揚。

Chaikin Analytics 執行長 Marc Chaikin 在給客戶的一份報告中表示:「只要與中國的貿易談判取得進展,隨著第一季財報公布,股市就有望在未來 4 週內迎來藍天。在衡量股市繼續上漲的可能性時,看到投資者情緒低迷總是令人欣慰的,因為這是一個反指標。」

引文來源:鉅亨網

大家看完有辦法判斷多空嗎?是不是會感覺到一股無所適從的感覺,而且我相信大家看完這段所謂「專家」的分析後,也不知道現在能不能買進。

這就是每天充斥在你我身邊的無意義資訊,而且我相信每個剛進股市的投資人都會對這些分析感到懷疑、不解,但因為專家說了,大多數人只好邊背邊學,反正先記不吃虧。

我最害怕這種落落長並且不知所云的分析,下面再舉一個例子給大家看,相信會更明白我想表達的意思。它和上面這段完全一樣是從基本面來考量,卻有完全不同的實用價值:

聯準會昨晚宣布停止通貨緊縮,表示國家機器對於經濟看好,而我打算在經濟好的時候持有股票,我相信景氣好的時候公司都能賺錢,而股價通常都會上漲,所以現在正是好時機。

　　大家有沒有發現單純多了，幾句話就帶出邏輯，推論鏗鏘有力，我們只需要問自己兩個問題：

1. 聯準會宣布停止通貨緊縮的時候，是不是通常景氣都能維持一段時間？
2. 景氣和股市是不是大部分時候都會呈現正相關？

　　只要這兩個問題確定，我們就能思考是否要進行一筆交易，而這個推論就是寶藏，它珍貴在清晰、明確，要判斷對和不對都相當容易。

　　買股票賠錢有九成的原因都是因為亂下單造成的，在股市情緒會亂的最大原因就是沒有推論或是混亂論述，而混亂又複雜的論述讓我們感到恐懼，恐懼就會亂下單。只有訓練自己作「簡單推論」，才可以讓我們下單穩定。

5-2 技術分析的誤區

　　或許很多人認為上述是基本分析才會遇到的問題，如果改用技術分析呢？技術分析是不是本身就單純得多呢？

　　的確，這也是我選擇技術分析的原因，但技術分析的複雜卻是另一種世界。我目前觀察最多人錯用技術分析的方式，就是把好幾個技術指標一起拿來用，這其實是不必要的。

　　例如很多人會說，假設A指標的勝率有6成，B指標的勝率也有6成，那當兩個指標「同時」發出買進訊號，這樣買進會不會勝率更高？更甚者，有人不只用兩個指標，而是三個、四個以上指標一起使用。

　　我相信大家在網路上應該也不難看到這種用法，這就是所謂的「指標優化」，然而這是一種統計以及數學上的股市應用，這種做法偏向理論，實務上使用其實會有相當大的問題。

　　這種優化的做法是一種數學、一種統計。其實這種做法在國外早就已經行之有年，同時當然也有大量的論文和研究在支持，剛開始我也認為這種做法很棒很實際。

　　但要小心，**這種做法就是因為太過科學而不符合現狀，比較適合大型金控公司的交易部門，因為這種做法其實需要兩個要素：**

「大量」＋「長期」。

　　國外的論文及研究都在在證明了這種方法有效，而且有很大機率能在股市賺到錢，可是這些做法都是利用電腦程式大量跑出的結果，而實際下去跑的數據往往都是上千萬、上億筆的交易。

　　不只如此，這種做法基本上在短期沒有人敢說有效，大部分都是維持一年以上、甚至五年十年。

　　但我們有辦法像他們這樣嗎？

　　在我訓練的贏家裡，有一個開投資公司的中短線交易者，他的交易次數一年大概將近千筆，這已經是我學生裡交易次數最多的了，更遑論一般人一個月買進賣出的次數根本不到10次，一年買進加上賣出幾乎都不到100次。

　　在這麼少的樣本數中，所謂的統計學馬上就失去意義。

　　剛才提到的優化，假設某一組指標程式經過統計後，他的勝率有八成，八成已經很厲害了，那麼交易100次，大家覺得可能會怎麼發展？

　　首先，勝率八成意味著贏80次，輸20次，但實際狀況呢？

　　很可能前10次進場已經輸了3次，我們虧掉了3成；

　　很可能前10次進場已經輸了5次，結果我們虧掉了5成；

　　很可能前10次進場已經輸了9次，我們已經沒錢再下單。

實際進股市，無法用機率論

　　沒錯，因為雖然科學以及數學上的機率是80：20，但我們根本沒辦法預期賺賠發生的順序，是先賺再賠，還是先賠再賺；到底是大賺再賠，還是賠光後根本沒有本錢再賺。

　　這些事情根本沒辦法預料，所以我要告訴大家，如果在網路上甚至任何的地方看到任何技術分析相關的資料想要利用它來賺錢，首先你一定要擺脫所謂的「統計」。

　　任何「統計」都需要大量交易來支持，任何統計也都需要被「監控」，因為股票市場沒有那麼簡單，所有統計過一段時間都會改變，除了大型金融機構，我們一般人根本做不到這種事情。

　　那技術分析應該怎麼用呢？我們只需要關注「趨勢」就好了。我們VIP室流傳著一句話，**「在趨勢底下，所有的技術分析都是一坨屎」**。

　　如果你對技術分析不熟，那麼只需要把握一個原則就能知道現在是多頭還是空頭。這個方法很簡單，你把圖拉遠遠的看，覺得整體來說是上漲就是多頭，看不出方向就是盤整，整體來講往下走就是空頭。

　　一個說起來沒人相信的方法，讓我這十幾年來永遠都跟對方向。我永遠不碰空頭的股票，我只買多頭的股票，當趨勢向上時我只在大盤大跌三百點的時候買進。如果你已經是中老手，想學更精緻的買賣手法，可以再翻回第 3-2 節的「J派逆布林」。

5-3　JG 教你聽明牌

　　台灣是個小地方，股票市場充滿了所謂的內線消息，是俗稱的淺碟市場：成交量小法人卻持股大，大股東和大戶主力早期上下交相賊把持市場，公司再好卻總是被國際動盪影響股價……也因為這樣，小道消息在台股成了人人都愛的一種分析。

　　但當我們在聽這些小道消息的時候，卻總是發現有時對有時不對。明明是來自非常高層的消息，甚至你自己身居產業裡面的關鍵職位，結果買進股票後卻總是沒有動靜。

　　其實，聽明牌還是需要技巧的，不是消息來源可靠就穩賺，更不是內線來的快就可以獲利，最直接的證據就是「證券業」。營業員內線消息多如繁星，我卻從沒聽過他們能夠因此獲利，甚至我自己的營業員更為誇張，他說待在業界久了，變成聽到有內線的股票都反而會迴避，因為他覺得裡面「有鬼」，既然有鬼，最好生人勿近。

　　前面說過，台灣是個淺碟市場，不像歐美股市各種機制都比較完善，幾乎沒有一個小道消息可以拿來獲利。我剛進市場的時候很看不起聽明牌的散戶，直到這幾年我才發現，原來聽明牌也是有訣竅的。

明牌聽得好也可以是一種技術，懂得利用明牌資訊也可以是一種分析。

這個章節就是要教你如何用「反市場」面對明牌：

1. 聽到什麼樣的明牌必死無疑

2. 知道好明牌的種類

3. 怎麼聽明牌比較健康

首先我們要能辨識出，在股市最常聽到的兩種「必死無疑」明牌：

1. 公司裡面的人說這檔會漲到 xx 元。
2. 這檔裡面有主力要炒股票，至少漲到 xx 元。

這兩種消息，我建議大家最好不要聽，因為它只有目標、沒有資訊。沒有資訊，我們就會進入股市的荒漠，而且通常即便是真的有主力，我們聽到的已經是第 N 手的消息，風險極高。我知道有時候進去嘗點甜頭也不錯，可是真的要小心，因為好處總是輪不到散戶這邊。

又或者很多人可能會參加投顧老師的會員，去買他們所謂的盤中call訊。我曾經為了做實驗也買過這樣的東西，有趣的是，我拿這些用真金白銀「買」的東西，竟然和我營業員知道的消息大同小異（而且幾乎同一時間發生）。我希望有看這本書的讀者可以少走一點冤枉路，如果真的愛聽，和營業員打好關係就足矣。

如何用逆思考找到好明牌

好的明牌本身賺的是「資訊利差」，必須有兩大特點：

1. 地下資訊
2. 公司未來性

首先，我們先來講講「地下資訊」。

1. 拿到地下資訊，要深入追答案

例如有些公司，他表面上是做手遊app，但你根據公司內部的人得知他們準備要在大陸生產非法的賭博性電玩，這個消息和大眾所知道的有落差，而且也早就開始這樣做了，這就是在股市裡面所謂的資訊利差，那這個就是非常值得參考的消息。

我們還可以再進一步追問：

● 這個地下市場有多大，是剛才起步嗎？

● 對手是誰？

● 公司有很積極在做這塊嗎？

　　繼續像個偵探去要答案，做成筆記，做個專業的明牌分析師。記住，明牌不是拿來馬上買進獲利的，明牌是讓我們聽資訊，最終還是要靠我們自身像偵探一般的精神去找答案，這也才是股票市場最迷人的地方。

　　如果沒有更進一步的內線消息沒關係，以剛才的例子，我們一定要想辦法去大陸論壇再繼續挖。雖然我們找得到的資訊別人也看得見，可是別忘了，你有來自內部的消息、其他人沒有，這會讓我們在下注的時候更大膽堅定。以我個人的經驗，如果功課做的夠多，再加上技術分析、買賣技巧，賺到的錢往往會比那些真正待在內部的人還要多。

　　大家有興趣可以看一下3293的鈊象，在google上挖挖他過去的事情，這檔股票就是最好的地下資訊案例（它表面上主業是做遊戲，但實際上很多獲利是來自於供應大陸的機台）。

2. 好明牌一定是公司有未來性

判斷好明牌，更重要的是要聽關於公司未來的發展性，這也符合JG八原則裡面的暴賺原則：暴賺不能只看現在，暴賺一定是因為「很有未來」。

未來性還可以細分成2個，「擴張」和「轉型」。

記住，股價會漲是要看「未來」，而擴張和轉型都是會影響公司未來發展的重要因素。先講擴張，如果企業老闆有認真經營，那麼老闆擴張自己的企業規模就是一件很值得期待的事情。公司的一個決策，除了需要經過團隊的審慎考慮，也必須經過大股東們和董事會的同意，這不僅是攸關公司的未來，也賭上了CEO的名聲。

老闆敢對未來下大注，而我們比別人提早掌握到消息，我覺得是就是非常有價值的資訊。還是一樣，知道這些資訊不是要馬上下手，必須再繼續問問題，確認一些細節：

● 擴廠是為了什麼？

● 多投資的項目有哪些？

● 未來的野心在哪裡？

記住，我們聽明牌不是要聽股價會到多少，我還是希望大家著重在公司的展望，股價上漲或下跌有時候則是靠技術分析來逐步確認，公司未來如果好，大部分的情況還是易漲難跌。

例如一間台灣做熱水器的老公司，本來他只是一間「穩定獲利」的公司，穩定獲利的公司股價要有很大漲幅並不容易。但有次我聽到在裡面的好朋友說了一個關鍵消息：「他們準備往大陸發展。」

我心想，這是一個很大的轉變，而且這間公司牌子很老，根本沒有人會注意到他們，大多數人都在追逐電子業而不喜歡傳統產業。於是我叫我朋友自己研究，因為他對技術面研究不深，所以我要他在技術面不要太差的地方想辦法買進就好。

他說自己想也沒想到，這種買進一年都不太漲，只靠分配股利的老公司，竟然半年也能夠漲了30%，連他自己是內部從業人員都感到不可置信。

還有一種內線要注意，就是轉型，轉型對公司來說是個大賭注，如果利用得好，他是個比擴廠還要來得厲害的大消息。但是要注意，所謂的轉型一定是比較新型態的獲利模式，市場在一開始未必能接受，所以不成功、便成仁。歷史上很多轉型失敗的例子，但我想跟大家說不需擔心，因為只要守好停損，在安全的地方賭一把才有機會享受暴利。

　　大家有興趣可以看一下9911的櫻花,這本書就不在它是如何轉型這件事上面著墨太多,但大家應該可以從股東會宣布的時間點之前(下圖圓圈處)看到櫻花的股價有多強勢。在股市,價格總是比任何基本面消息面還要先反映一切,看到價格如此強勢,就可以知道轉型之路有很大的機率會成功。

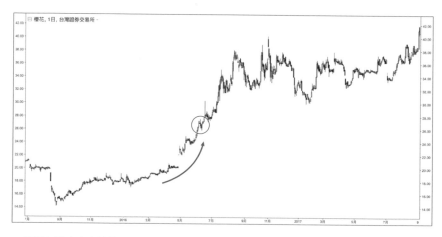

▲股價在股東會之前就呈現強勢,證明市場背後的力量對轉型有信心。　　資料來源:Stock-ai

5-4 雜誌選股大法

　　除了部分內線人士（他們有犯法的風險成本）外，面對股市的每個人每天都看著一樣的報價，感受節奏相同的股價跳動。

　　面對虧損以及突發狀況，只要是人，就會出現一樣的興奮和恐懼，面對好消息、持股大漲的日子，大家都會想要替自己鼓掌叫好甚至慶祝一番。

　　正因為如此，我們會在很類似的時間同時想要買股票，也會在特定的情況想要一口氣賣光。

　　我要說的是，面對股票市場的我們與大眾都太像了，所以用的方法絕對不可以一樣，否則每個人都命運都終究會相同，那就是「賠錢」。

　　而時下的財經資訊，總是會在同一時間點推薦大家類似的方法，也難怪《JG說真的》所採訪到的輸家們，大部分也很巧的在同一時期都用「差不多的方法」。

　　很多讀者看到這裡一定會在心裡想：「那些上雜誌的封面人物都是騙人的，看他們的東西當然會賠錢啊！」

　　其實未必，老實說我認識的雜誌編輯們都很有職業道德，而且比我想像中的還要嚴謹。雖然有部分業者，確實會為了雜誌書

籍的銷量、為了部門的行銷策略而誇大其詞，為了迎合市場而鼓吹對一般人根本不適用的操作方法。

但相信我，這些封面人物大部分都是真槍實彈，當然方法絕對會隱藏一部分。只可惜這些東西對一般人的幫助很有限，因為大部分人沒辦法用賺錢的角度來利用這些採訪資訊。

此外，如果我們身邊有從事財經書籍編輯的朋友也會知道，雖然他們的職業是財經編輯，但很多人本身做股票卻幾乎都是賠錢的，所以當然很難靠「賠錢」的人來幫我們過濾出「賺錢」資訊。

所以我建議，**當我們在閱讀市面上的報章雜誌書籍時，請記得單純的把它當成資訊來利用而不要迷信。**

但是，在某個時間點，雜誌的資訊會變成明牌產生機。

這個時間點，就是金融海嘯。

我先邀請大家想一下金融海嘯發生的時候，股市的背景會是一些什麼聲音？

如果你和身邊的朋友說你在碰股票？

他會告訴你把快把錢拿去買房子，所有的好朋友會不斷告誡你股票市場不要碰，而且那些愛問明牌的同事在這個時候，會突然變得不愛問股票而變得安靜。

如果過年遇到長輩，和他談到股票？

　　他會告訴你在西元 2000 年的時候，他的某某朋友多有錢多闊
氣，家裡開公司，但也因為玩股票而家破人亡。他們會把股票說
得像毒藥一樣，希望告訴你他這輩子的有錢朋友因為玩股票下場
有多悽慘。

　　如果你在網路問大家要買什麼股票？

　　無論是在臉書社團、Line 群或者 PTT 都會有人告訴你，股市
一定還會跌。他們的論點通常是「像你這種新手」還想進股市的
話，那麼股票肯定還不會漲。他們自視甚高，覺得只要是新手進
來都會賠錢，大部分的人喜歡把自己的經驗套用在別人身上，這
點在股票市場也不例外。

　　**當市場背景的氛圍是這麼恐慌的時候，你一定要當一個冷靜
的判斷者，因為股票市場大部分的人都是賠錢，而賠錢的人說的
話你根本不必聽。**

　　股市大多頭的時候，四處都有好消息，這個時候你不需看任
何雜誌都能夠得到最新的公司發展、公司的前景有多好、甚至這
間公司的老闆有多麼偉大。

　　在股市上漲的時候，這些消息的價值都會瞬間降低。我的另
一位偶像，《一個投機者的告白》作者柯斯托蘭尼說過：「人盡所
知的事情沒有辦法讓他感到興奮。」

如果發生崩盤，比如2008年的金融海嘯時，雜誌的資訊價值會發生什麼變化？

我們設想一下財經雜誌編輯們的處境。他們真實的處境是，無論股市空頭還是多頭，他們都得寫東西，對吧？因為這是他們的工作，這無可厚非。

但，這個時候的雜誌卻是最可信的。

因為他們每下一筆都要很小心，每推薦一間公司都要很注意。他們知道景氣不好，他們知道大部分的公司都會跌，這個時候推薦標的會變得比較少，但檔檔都偏向精兵。

再者，其實財經雜誌的編輯們都有一定程度的職業認同感，許多編輯還是認真而有使命感的，他們會盡可能幫我們挑出有未來有潛力的好公司。

他們會比在多頭的時候還要理性，他們會比在多頭的時候還要小心。

更不用說是好幾本雜誌都同時推薦的公司，我並不是叫你急著買進，但這時卻是你真的該花時間去研究的好時機。

比較可惜的是這些編輯大部分腦中充滿框架，所以只敢推薦不敢買進，而錯過人生財富暴賺的關鍵時機。

　　你可能會說這不就是聽明牌，我認為只對了一半。一個好的交易者本來就該懂得利用身邊所有的資訊，好的交易者靠著別人害怕的資訊來獲利，就是一種「反市場」思考。

　　這只是很粗淺的做法，當然後續你還可以追蹤這間公司老闆的誠信，甚至在技術分析上的買點上更加注意。

　　當年的聯詠不到一年漲了兩倍，就是這樣挑出來的標的。

　　請大家注意，我不是要告訴大家一個絕招，而是要藉由這個例子讓大家看到一個簡單的思考過程，意識到一個有趣的投機過程，這才是我想強調的事情。

　　你有空可以用這個方法回測看看，甚至問問經歷過這樣下殺的人，是不是答案真的如此。

　　可是我保證，即便你現在知道可以使用雜誌選股大法，你還是會有很多疑點，甚至崩盤真的來臨的時候，你還是不願意這樣做，不敢下單。

　　要「敢下單」或是「下單穩」，就必須透過「自我鍛鍊」強化內在，我在第三篇會告訴你完整的自我鍛鍊方式。

強化基本面獲利的反市場思考

只買好公司的基本教義派

小溫是一位國立大學的企管碩士，通常管理學院學生在求學時代就會接觸各種投資，小溫也是。

剛認識小溫的時候，他是典型的資優生模樣，他的會計修到中級會計（簡稱中會），中會這科目有多難呢？在商學院都有所謂的「中會傳說」:『中會比初會難10倍』、『中會有及格就很屬害了』，中會就是進入會計事務所或是投資銀行的入門票。

小溫有這樣的會計程度，要讀懂財報裡的細節當然不是問題，很明顯的，他買進都是體質強壯的公司。

他一直以來都相信「經濟好，股市就會好；公司好，股價就會噴」這個道理，所以他在挑選公司的時候，一定會看這些公司的三大表來判斷他是不是一間好公司。

小溫買進的公司看起來都是體質很好的公司，

可是他買進後卻總是賠錢。要嘛買進好公司股價卻漲不起來，要嘛明明是買進體質非常好的公司，但買進後股價卻一落千丈。

但大家不是都說：公司體質好，股價就會好嗎？

股市語言：三大表

就是指資產負債表、損益表及現金流量表，這三份財務報表。

資產負債表一般來說代表著這間公司承受風險的能力，損益表可以看出這間公司的獲利結構看出公司賺不賺錢，現金流量表則是代表著這間公司的變現能力，現金越多，越能挺過景氣不好。

　　其實基本教義派並沒有錯，但我們首先一定要先釐清兩件事：

1. 什麼才是真正會影響股價的基本面元素。
2. 是不是只要是「好公司」，就可以不看股價隨意的買進，反正好公司未來一定漲，隨便買沒關係。

因為小溫多年來買進的公司幾乎都不漲反跌，所以他多年來的賠錢經驗隱約感覺到一件事：股價會不會漲，和「體質」好像沒有正相關。

傳統股市有個觀念很容易被誤解，公司體質好＝股價好。

其實股價是一場投資人對上市公司的金錢選舉：

比較多錢認為公司好，股價就漲，

比較多錢認為公司差，股價就跌。

簡單來說，過去所發生的一切都已反映在股價上，而財務報表裡大部分的數字都記載著「以前」的事情，用「以前」去看「未來」要非常小心。股價會不會漲當然是看未來，而未來不可能記載在過去的財報裡。

大家可以看看 2017 年連續一整年的大立光，那年它的財報好的不得了，如果我們當時覺得大立光體質太好了，在 2017 年用 6000 塊買進這檔股票，結果買進三個月後，這檔股票價值只剩 3000 塊，有多少人欲哭無淚，從財報卻看不出來任何跡象。

另外，小溫有另一個買賣哲學，也是傳統股市很流行的一個心法，我相信大家應該都有聽過，就是「當買進理由消

失才需要賣出」。

我跟小溫說，這是一件很恐怖的事情。

我們因為財報好（買進理由）而買進某檔股票，一旦股價已經跌的亂七八糟，我們寧可相信有什麼我們不知道的壞事在後頭所以暴跌，不可鐵齒等到財報數據很差（違背買進理由）後才進行賣出。

我當時唯一給小溫的建議是，真的要這樣做，請「緊盯」月營收，因為月營收是最快而且最重要的財務數字之一。任何一間公司要衰退之前，如果股價突然出現快速下跌，從月營收一定會看出端倪，但這只能治標。

實戰回測　找出三檔本來體質不錯卻暴跌的公司，觀察它們的月營收是否有出狀況？

治本的方式還是一樣，我再強調一次：買點。

我告訴小溫，假設某間公司的未來真的大好，你也要等「合理的買點」出現才能下手，合理的意思就是要「買便宜」。

舉例來說，很多人在買股票的時候都會犯一個錯，就是追高。

　　有些人心裡可能會想，追高並沒有錯，市面上所有專家都告訴我們，當股價發動攻勢的時候才代表我們「看對了」，所以大家常常買在所謂的「突破處」。

　　但大家可能不知道，追買突破這可是一門高難度技術，是很多專職交易高手在做的事情，這個動作需要很細節的盯盤，突破後股價一不對勁手上股票就要砍掉，這完全不適合一般上班族學著做。

　　而且根據我的經驗，十次突破有超過八次會回檔，台股是淺碟型市場，平均每次上漲都在兩個月左右，在這種市場無論突破技巧再好獲利都很有限。

 實戰回測 找出三檔股票，是否突破有回檔？上漲的時間多久？

**　要用突破策略只有兩種情況適用：**

1. 用在期貨市場

2. 用在美股這種漲幅是以年計算的股市才會有利

　　小溫在經過訓練後改善了買點問題，他現在比起其他的學員更有優勢，因為他多年來紮實的基本面訓練，讓他更敢在關鍵買點來的時候下大注，而且比一般人持有更久。他現在看盤的時間比過去更少，卻獲利更多，他將更多時間專注在本業上。一個人確實能兼顧事業與投資，如果他了解累積暴賺的精神。

第 3 篇

透過「自我鍛鍊」增加內在強度

輸 家

鑽研技術
預測股價
恐懼賣出
只求穩定
衝動下單

反市場

主流思維

贏 家

享受策略
掌握人性
不怕不買
賭對暴賺
鍛鍊情緒

第 **6** 章 　 # 建立贏家的心理正回饋

　　成為贏家有個非常重要的核心：自我鍛鍊。

　　在股市裡沒有一個人是技術超強但心理脆弱卻能成為贏家，
這樣的人即便短期間能大賺，但很快就會吐回甚至倒賠。我認識
與訓練的大多數贏家不一定有很厲害的技術，但心理絕對非常穩
固，而光是下單穩就可以贏過大部分的人。

　　在這章節我會告訴你輸家心理最嚴重的股市癮，然後你會了
解要如何轉換成贏家心理，最後你會學到訓練內在強度的最好工
具：J派交易日誌，這將有助於你擺脫輸家的負面循環，進而建
立贏家的正回饋。

6-1 去除股市癮

　　我先跟大家說個簡單到很難相信的訣竅，在股票市場的致富關鍵就是「贏到很習慣」，一定要贏到像每天起床就刷牙一樣的「習慣」才行，這原理來自於行為心理學。在股市交易和進賭場很像，買賣之間金錢的輸贏都會對我們的感官造成刺激，而在股市所有的人都會越來越享受著這種高強度的刺激，所以我們一下子當沖、一下子追價，我們在股市不斷衝動的交易。

　　在做YouTube頻道《搶救股民大作戰》的時候，我常問那些受訪者一個問題：「你真的有想要在股市賺錢嗎？」

　　每當我問這個問題的時候，通常受訪者都會露出非常不解的表情，我相信他們一定心裡想：「我當然想賺錢，而且動力絕對比一般人強，否則怎麼會大老遠來請教JG？」

　　根據我訓練學生的經驗以及這些受訪者的反應，我隱約察覺到了問題的核心。在交易上很衝動的人，除了急著賺錢之外，他們根本做不到「不進場」，他們得了很嚴重的股市癮，而這個癮比「想要賺錢」還要有急迫性。他們通常內心會有這些聲音：

連續假期沒開盤好無聊；

我好擔心持股會回檔，不然先出一趟保住利潤；

雖然沒有看到好機會，但我覺得不賺很可惜。

會有這些念頭，追根究柢就是因為太想交易的癮頭，而太想交易的源頭已經不是為了「賺錢」，是只要有下注、有快感就可以。

在國高中生物，我們都讀過「操作性制約」這個觀念，簡單來講就是賞罰增強造成的心理回饋。在這個心理實驗中，心理學家利用食物來增強鴿子用嘴把按鈕的行為，每當牠去啄按鈕，就會掉出一些食物作為「增強」，因此鴿子肚子餓，就會去啄按鈕以獲得食物。

在股市操作上，很多人養成一看到開盤就下單的習慣，因為下單會帶來一種冒險的刺激感，形成「增強」，然後他可能贏或賠一些錢。格外危險的是「不小心」贏錢，這會帶動衝動下單、負面循環式的「增強」，久而久之，他會變成一隻看到線圖或聽到開盤跡象就想下單的鴿子。

這種癮就像嗜吃垃圾食物，甚至有點像吸毒，後果好不好已經無法思考，當下不做就是受不了。但股票市場與上述這些癮更不一樣，在股市，賠錢就是大忌，一賠錢資本就少了，資本少要追回來其實是一件高難度的事情。

　　我順便問大家一個簡單的數學問題，大夥憑直覺回答即可。

　　假設有個人，他的操作勝率剛好一半，每次賺錢都賺10%，賠錢也都賠10%，最後他口袋的錢會：

1. 不變？
2. 變多？
3. 變少？

　　不知道你猜對了嗎，答案是三：變少。是不是覺得很奇怪？勝率明明是一半的50%，每次賺賠百分比也都一樣，為什麼錢會變少呢？因為實際上發生的是：

　　100萬*1.1*0.9*1.1*0.9⋯⋯大家用計算機稍微算一下就知道答案了，最後永遠會小於100萬，這就是為什麼在股市盡可能不能賠錢的原因。用更直觀的算法，假設我們的100萬因為自己的衝動性交易賠到只剩下70萬，這樣是賠了30%，但若想從70萬要再賺回100萬，賺30%是不夠的，要賺超過40%才行。

賠越多，想要追回來的難度就加倍。

　　所以我說，在股市賠錢是大傷，不賺錢可以、空手也可以，但賠錢是萬萬不行。為什麼很多人在股市賠錢，會永世不得翻身，因為賠錢很快、很傷，一犯錯通常就再也回不去。

　　衝動交易的第一層面是數學角度，第二層面則是影響我們績
效更大的心理面。

　　在股市賠錢，不只有表面上的虧損，往往還會演化成股市癮
的源頭。

　　剛剛提到很多人在股市「想進場」的欲望大過於「想賺錢」，
所以容易衝動交易。更可怕的是，大部分衝動交易的人對股市都
有一定程度的研究與功力，在有設停損的情況下，每次交易都賠
不多，所以「不痛不癢」。但這個「不痛不癢」，反而讓他們養成
「賠錢的回饋」，他們習慣找到很多藉口來合理化自己賠錢沒關
係，於是買賣就會不夠嚴謹，常見的合理化藉口包括：

● 我照計畫買進，賠自己該賠掉的錢很合理。

● 我「感覺」這檔走勢最近怪怪的，管他的，設好停損去試試。

● 看不太懂，感覺有主力，進去跟他拚了。

● 看起來就是多頭啊，反正多頭股票買進停損也沒辦法……

　　「因為有設停損所以沒關係」，這就是最恐怖的毒癮。所以我才會說進股市一定要「贏到很習慣」，如果想著一定要贏，剛剛的那些合理化藉口就會改成：

染上股市癮的藉口	贏到很習慣的說法
我照計畫買進，賠自己該賠掉的錢很合理；	我要照計畫買進，可是計畫真的夠縝密了嗎？
我「感覺」這檔走勢最近怪怪的，管他的，設好停損去試試；	感覺這檔股票不太對勁，我這幾天趕快傾全力來研究它好了。
看不太懂，感覺有主力，進去跟他拚了；	看不太懂，感覺有主力，這種股票我不要碰，因為我實在沒信心玩贏主力、看透主力。
看起來就是多頭啊，反正多頭股票買進停損也沒辦法…	這檔股票是多頭，可是我一定要等到最好的點買進，我才不要買進一檔好股票卻被停損而掃出去。

　　一旦內心想著一定要贏，我們的句子就會全面改變，在股市的判斷也會全面升級，不再因衝動而輕易掉進數學上的股市陷阱。

　　更重要的是，當我們習慣這樣思考，就會開始養成一種股市的「好習慣」，會變成以「贏」為前提，擺脫只想進場的毒癮。

在國外的匿名戒酒會，他們不會一下子就叫成員做到永遠清醒不去碰酒精，因為這強人所難，一下子就會放棄。他們的做法是只要成功做到「維持24小時不碰酒精」，就算完成一次，然後給予獎勵，也就是上述「操作性制約」的正向做法。他們稱之為小小勝利（small win），這就是一種往「正向循環」的增強。

在我的實例分享3（第224頁）中有個訓練方法叫做「一口單」，就是利用小小勝利來逐步戒除股市癮。這個方式是嚴格限制你的下單，起初金額不用太大，但只要開始養成贏的習慣，你未來就降低衝動性下單，轉而愛上贏的感覺。

在各個領域，養成好習慣都是很重要的事情，而習慣沒有中間沒有不好不壞，習慣這種事情通常只有一個方向，不是往好就是往壞前進，而這個特性在股市就更顯得重要，因為要嘛賠一輩子，要嘛就是成為致富的一群。

其實一開始我並沒有弄懂這些原理，但既然不能輸、一定要贏，因此我誤打誤撞地走到正確的方向，現在回頭看，我認為自己很幸運。現在的我認為在股市獲利是理所當然，可是我確定當時想都沒想過能達到現在這種成績。

而要這樣順利執行有個心態，就是在股市，一定要「當自己的CEO」才行。

　　大部分在股市的人，都很專注在盤中，在股市開盤時我們看盤、盯盤、去接收股市最新的訊息和變化，最後才交易。交易後，我們花時間在觀察買進股票的後續有沒有如預期，看對了高興，看錯了砍倉。這些林林總總都算一種執行，開盤時間在股市的我們，身分比較像是員工，但在股市的獲利關鍵是在「事前計畫」，也就是在沒有開盤的時候的努力才是最重要。

　　在盤前，一定要給自己明確的目標，打算買什麼標的、持股跌到哪裡要停損、持有期間願意忍受多少波動、停利甚至加碼怎麼設定，這些都是在盤前就要知道的事情。也就是說，我們要把自己分身成兩個人，**盤前的自己是執行長，負責下命令給盤中的自己，而在盤中，我們必須當一個單純負責執行 CEO 命令的員工，不帶任何情緒：不興奮、不恐懼。**

　　我猜想正在讀這本書的你們一定有個經驗，常常覺得自己在盤中特別「有靈感」。不過在我十幾年的交易人生裡面，大部分不在計畫中的「靈感」不是讓我少賺，就是讓我賠掉不應該賠的錢，所以我建議大家，在盤中盡量只做紀錄，不要去執行突然來的「好靈感」。

奇怪,這檔股票好像有主力,每次跌到xx元的時候就有買盤;

這檔股票一直衝,等一下應該會鎖漲停,明天應該還會跳空開高,現在進去買進應該可以賺一小筆;

像這些「好靈感」,在盤中都要盡量避免掉。

但我當時因為這些內心糾結總是不斷出現,大大影響到我的績效,於是我開始了所謂的「交易日誌」。

6-2 J派交易日誌：創造自己的贏家筆記

這些年來，台灣在財經方面有非常多的書籍與教學，書店排行榜除了心靈類以外，最暢銷的就是財經書，可是在這麼多本財經書中，卻沒有一本書告訴我們在股市寫筆記有多重要。我常跟身邊的朋友說，只要願意開始動手寫筆記，它將會成為你在股市最能幫到自己的「致富聖經」。

這本小筆記，我把它叫做「J派交易日誌」。

這個章節我會分享交易日誌的兩大重點：

1. 該怎麼開始寫交易日誌

2. 筆記對交易的好處

首先說說，交易日誌多年來對我的重大影響。

我是怎麼開始寫交易日誌的呢？是從做期貨開始的。期貨這個商品，是一個速度很快的戰場，我剛進場不久交易量就很大，和所有在交易市場努力的人一樣，我在很短的時間內就學完了大部分的技術，也因此，我做當沖、也做波段，300到1000點的行情我最擅長，但沒行情的時候，即便是30點的小波段我也不放。

每天買賣數十筆，有時候一整天下來用的方法都不一樣。

於是我遇到了很大的困擾，包括：

- 該怎麼從一堆方法中，找出最有效率的方法？
- 我該怎麼整理出自己的錯誤，容易輸錢的買賣方法，以後就盡量不要做？
- 我每天都在盯盤，該怎麼把新方法融合在舊方法？

2006年我是一名補習班老師，當時我資金只有20萬，每次跟朋友說自己想專職做股票維生，大家嘴上說祝福，但心裡幾乎沒有人看好。當時的我非常努力，我認為技術對我來說一點都不是問題，可是資本小，就意味著不能有任何一點失誤，而且我真的不願意再待在充滿填鴨系統的補教業了，我很怕一個失誤把我打回原形，讓一個平凡的我又更平凡。

有可能「不失誤」嗎？當時我就是這樣問自己。

我也很好奇現在正在讀這本書的你，在股市裡常有失誤嗎？

如果可以就此避開那些失誤，未來的錢，會不會和現在天差地遠？

如果去年的自己可以避開失誤，是不是現在就不會為了一些小錢而煩惱？

有沒有可能，不需要再為了那些錯誤的虧損而在午夜夢迴痛恨自己？

交易日誌，就是為了讓你訓練自己「不失誤」而生。

如同我在「JG 說真的」頻道上所教大家的，交易日誌可以分成六大項，我在官網以及 Youtube 頻道已經免費提供了精心設計的範本給大家下載使用，因此我就不再提網路上可以找到的東西。我定位這本書是一本「體驗之書」，因此我想跟大家分享的部分會更貼近我的私人交易與訓練經驗，從更深入的角度談談交易日誌的重要性。

我見過很多年輕的投資人，在股票市場非常辛苦，讀遍財報、學各種技術分析、訂閱無數高手的頻道，做了所有努力總是無法獲利。

我同時也認識不少年長的投資人，他們在股市總是好整以暇，不急不徐，但他們卻總是能夠穩定賺錢，面對任何行情都很從容不迫。

這中間差別就在經驗，經驗足才能下單穩，下單穩才能在股市獲利。

依照我看過這麼多投資人的經驗來說，在股市大概可以分成幾種人：

- 技術普通＋下單不穩＝小賺小賠
- 技術好＋下單不穩＝大賠
- 技術普通＋下單穩＝賺錢
- 技術好＋下單穩＝印鈔機

我自從踏進股市以來幾乎都是獲利狀態，很多人說我是天生適合股票市場，是特例，一般人根本不適合進股市。我認為錯了，其實我也是透過訓練才能進步這麼快，而我所謂的訓練，就是寫交易日誌。

交易日誌可以讓每個人進入股市三個月，就躍升到其他人一兩年的功力，但更重要的是，它可以讓你的能力累積起來。只要持續做下去，我認為每個人都絕對能在股市穩定賺錢。

接下來我就要教大家寫交易日誌的六個步驟，完成它大概只需要十幾二十分鐘，我希望大家一星期可以沉澱自己一次。

交易日誌的六個項目

1. 我的最新市場觀察

目的：增強股票市場敏銳度和盤感

2. 充電練功區

目的：定期增強股市基本功

3. 進場策略

目的：成為自己的投資 CEO

4. 出場策略

目的：盡可能的大賺小賠

5. 買賣回顧

目的：客觀評估買賣，做為下一次的參考

6. 股市的自我對話

目的：幫自己打氣，把情緒轉換成助力

第一項：「我的最新市場觀察」

目的：增強股票市場敏銳度和盤感

當我還是新手的時候，我覺得什麼都很難，但似乎都很有趣，所以我會把自己覺得有趣的市場現象記錄下來。

我剛進股市是做期貨的，我觀察到盤前的均買均賣力道好像會影響開盤的大盤走勢，我也觀察到所謂的開盤八法在盤勢上的可能應用方式。同時我也會在雜誌上讀到某些政策對大盤可能會有的影響，我都會把這些市場觀察記錄下來。

因為我覺得，既然在股市每天有這麼多的想法和資訊，如果這些不記錄下來，明天就一定會忘光了。

而我在做記錄的同時，邊打字邊在頭腦裡面出現了很多新的想法和從沒想過的念頭，我也會上網找資料或直接請教別人。

當年我很多絕招和方法都是靠這樣天天累積後領悟出來的。

第二項：「充電練功區」

目的：定期增強股市基本功

剛才提到，我會更新股市裡學到的新技術，並且記錄下來，接下來就是追蹤。例如你可以問自己：

KD指標到底有沒有效？

今天盤中爆大量下引線，後面會不會跌？

今天股價帶量創新高了，是不是後面還會繼續噴幾天？

所謂的支撐是不是真的有支撐作用？

固定出一點功課給自己並且持續追蹤，真的很有效。

我們對市場上某些技術會感到害怕、興奮、甚至懷疑。但這些情緒只會阻礙我們買賣的穩定而已，所以我們一定要把技術記錄起來，更重要的是提醒自己「追蹤」後續發展。

以我的經驗來說，只要這些後續都有追蹤，都不難發現其實大部分訊號的準確率都是50%而已，有時準、有時不準。我當時就是這樣，每天有任何疑慮我都會寫下，因為期貨比較激烈，所以我每天都花非常多時間在這個部分，甚至我會做一件很重要的事情：回測。回測完我一樣把它記錄下來。

例如剛才提到的，股價帶量創新高，我就是回測了上百檔股票的全部帶量上漲以後才真正發現，其實帶量創新高根本不重要，所以我後來就完全放心不看成交量了。說起來很簡單，但當

時若沒有用心做紀錄，我認為我很難這麼快就跳脫出成交量的迷思與困境。

所有習慣都是這樣，不進則退，要嘛持續變好，要嘛持續變壞，這就是股票市場賺錢的關鍵——只要變壞就會賠錢，只要賠錢就會心神不寧，那股市就會變成害人一輩子的東西。

「充電練功區」不只是希望大家每周進步一點，我還希望每個人都能快速拉高自己的股市智商，進入正向循環裡。

第三項：「進場策略」

目的：讓大家成為下單穩定的投資CEO

進場前的功課一定要做足，我相信讀到這邊的你一定都有辦法在做完回測後，對市場做出屬於自己的分析。但分析歸分析，我們想用怎樣的節奏買進股票呢？

以布林通道來說，是不是只要點位到合理的區域，就開始分批買進嗎？

還是雖然已經在回測過的區域附近，但個股只要跌的不夠兇就堅持不買，而且一買就要ALL IN？

　　大家在讀本書的時候，應該不難發現即使我不斷的更新自己的操作守則並且回測，即使我已經做了這麼大量的功課，但因為進場後的盤勢還是會不太一樣，所以我仍舊需要不斷思考，該如何正確配合自己的技術來做進場才好。

　　有時候已經跌到布林通道下緣，但就和所有技術分析一樣，下緣並不是一個點而是一個範圍，當股票跌到這個位置時，是因為發生了真的會發生轉折的原因，還是群眾因為情緒造成的下殺，甚至我當然必須配合自己多年來看盤訓練的盤感來做決定。

　　也因為變因太多，所以無論規則定得再詳細，都很容易讓我們在盤中混亂，所以進場策略一定要擬定再擬定，反覆推敲才不會因為失誤而白白賠錢。

　　我跟大夥分享一件事，在我剛進市場的時候，每天早上起來的第一件事，就是拿起筆寫下所謂的「今日提醒」。雖然我前一晚已經擬定好所有的交易策略，但我還是會在盤前再「手寫」一次，這是為了讓自己靜下來的一個訣竅。

第四項：「出場策略」
目的：讓你盡可能的大賺小賠，知道如何出場，這是能不能
暴賺的關鍵

在股市，我常常問自己：「是真的要死守技術分析的結論，
還是要賭一把，拚多賺一點才出場呢？」

這是進股市的我們很重要的哲學問題，千萬不要以為股市有
標準答案，在股市，關鍵是每一次去想辦法去執行「對」的決定，
然後看老天能不能給我們最棒的獲利。又因為是看老天，所以這
就取決於我們進股市對自己的期望。

你是期望暴賺嗎？

或者，你是期望當個技術分析高手，並且短進短出獲利嗎？

當我們賺10%的時候並不會有感覺，但一旦獲利超過15%，
我相信很多人都會開始動搖。我見過不少設定高報酬率的投資
人，一賺超過15%就開始抱不住獲利。

出場分很多種：看到訊號一次出場、分多批逢高出場、高出
低進不斷降低成本，這些都會隨著時間推移而有所變化，更重要
的是我們的心情能不能接受，必須不斷的跟自己確定自己在股市
要的東西。

J派的東西很簡單，我要的就是暴賺，所以我的出場不會死背技術分析。

我在2006年剛進市場時，那時候我買了一檔股票昇銳（3128），我的買進成本大概是在26塊左右。買進後運氣不錯，一路上漲到了32塊，一看已經賺了超過20%，我所有的朋友都照這紀律出場，但此時我不斷思考自己進股市的初衷：

1. 必須要暴賺
2. 拿利潤出來拚

幾經思考後我決定加碼，因為攻擊才是我的風格。我心裡想清楚了，我資本小又年輕，一開始買進後就獲利，加上技術線型對我有利（趨勢偏多且上漲快速，我認為自己買到了一個速度段）。

我設定要靠融資，把獲利一半拿來拚翻倍，我想清楚了，只要跌破29塊我就出場，不要讓加碼的部分傷害到自己的成本。

過了兩週，昇銳發了瘋的向上衝刺，我沒有預設高點，從40元開始我因為承受不住壓力，決定每上漲5塊我就賣出一批，最後平均賣在58塊左右，雖然沒有賣出在最高點77元，但我整體來說還是賺了超過1.5倍。

簡單說，我們有部位了以後，怎麼買、怎麼賣、要不要分批，要拿多少獲利來拚，這些都和技術分析能力沒有直接關係，而是跟所謂的「策略」有關係。進市場要製造大賺機會，靠的就是策略擬定，這東西沒辦法盤中臨時決定，尤其盤中股價跳動會讓人更加激情。提早擬定策略可以讓我們更堅定自己的意志，達成「大賺小賠」的目標。

第五項：「買賣回顧」
目的：自我風格的展現，建立一輩子能用的買賣模型

如果你有任何買賣動作，記得在交易日誌裡面寫下已經買進或賣出的股票，這會讓你開始脫離業餘，並且找到適合自己的買賣模型。

做了這個動作，我們將知道自己的部位成本，做完記錄我還會做一件事情，追蹤該檔股票後續自己賣的原因。

我覺得做賣出紀錄是一件重要的事。我記得當時很多身邊的人賣出股票以後就不看了，怕賣掉又漲會傷心。那真的很可惜，賣掉以後又漲了才更要注意，很多人都有買到大飆股的經驗，可是每次賺都只有賺一點，這樣真的不行。

買進或賣出股票後，一定要清楚的把它記錄下來，知道自己買在哪裡、賣在哪裡，並且給自己下一次賣出的參考。記錄完整的買進賣出，是一個想賺大錢的人必做的事情。

長年整理下來的交易紀錄，真的幫了我很多忙，任何人都能和我一樣從裡面去蕪存菁，整理出一套簡單的買賣方式。要記得，在股市獲利只能用個人化的方法。

第六項：「股市的自我對話」
目的：幫自己打氣，讓自己的情緒成為助力

如果你和我一樣用功，那麼你一定會感覺到在股票市場有多麼孤單。每天的賺賠、興奮、失誤，彷彿如人飲水，冷暖自知，這些情緒長期累積下來，往往會逼我們做出容易賠錢的決定。

「這次一定要賺回來」
「我怎麼當初沒先買，不管了先衝進去再說」
「這麼用功還沒賺錢很丟臉，衝進去拚一下好了」

一張白紙，因為沒有情緒負擔，所以做決策是最容易的，但大部分的人都曾經在市場受過傷，我們千萬不可以讓那種痛影響到自己。

　　當作寫日記吧，每天寫一點點給自己。很多中老手學了一堆技術，明明技術分析已經練到超強但卻總是無法執行紀律，打壞自己訂下的規則。我常聽到大家說一句話：「其實我本來想耐心等xx元的時候買進，可是盤中不知道為何……唉……」

　　我寫給自己的對話更是多到嚇人，剛進市場時，我常問自己要給自己一年還是兩年的時間來證明我天生適合這個市場，當我賠錢時我也會很難過，但這種過程沒人可以傾訴，如果跟家人說，又容易徒增他們的擔心。

　　自己吃下吧！但請記得讓這些情緒成為助力，而不是毒害自己的交易。寫下在股市的自我對話，讓我們時刻保持樂觀、冷靜，這個部分做好，賺錢真的會比較容易，也會在裡面見識到自己的成長，某一天都終將成為很棒的回憶。

　　下一頁是「J派交易日誌」的範本，你也可以掃描底下的QR Code，下載我提供的交易日誌。

「J派交易日誌」下載

我的交易日誌

日期：7/28

 ## 我的最新市場觀察：

中美貿易戰大家都擔心，但無論是美股還是陸股都非常強勢，我覺得景氣循環應該還沒走到盡頭。而且川普要選舉了，應該不至於讓美國民眾失望才對，全球股市應該至少要等到選舉完才會有變化。

 ## 充電練功區：

我存在官股銀行未必就不會跌，我還是希望以存在高殖利率為主。現在的問題是，有多餘的錢應該買同一家高殖利率的公司，還是應該分散到不同產業不同公司？下周預計把目前全部高殖利率公司列出再判斷。

 ## 進場策略：

我想買某股票，它是高殖利率裡面本益比最高的。一般人說要買本益比低的，可是我覺得本益比高才有未來性，我想買既有未來性、同時又有高殖利率的股票，進可攻、退可守。

 ## 出場策略：

買進後剛好漲了不少，只要跌破160塊支撐，或者中美貿易戰有更不好的發展，我就賣出。

 ## 買賣回顧：

這檔有點失誤了，我本來預計跌破160元或者國際消息變差時才賣出，但我感覺大盤最近怪怪的就隨意賣出了。我覺得下次無論如何都要想辦法移動式停利才行。

 ## 自我對話：

我希望自己可以不要太受同事影響，總之我就是不想要聽明牌賺錢。別人現在靠明牌賺的都會吐回去，我覺得自己沒有做錯，明牌什麼時候都可以聽，我現在用功不可能是錯的事情。

強化穩定度的一口單訓練

不想當「股市上班族」的當沖高手

阿國平常有自己的工作，但因為一些個人因素讓他不方便長期這樣奔波，也因此，他希望自己有一天可以成為專職交易者。

他在股市最想得到的是「尊嚴」，透過股市養活自己是最適合他的生存之路。但在那天到來前，他必須先賺到錢與自由。

在接受我的訓練後，他擁有抓到好買點的能力並且發展出自己的系統，當沖勝率幾乎九成，最初的三十萬本金平均每天都可以賺一到兩萬，只是當資金擴大到一百多萬後，問題才真正開始。

用三十萬做交易時，輸贏只有幾千塊或一兩萬，現在一百多萬下去每天獲利和虧損的幅度竟然高達十幾萬。這讓他戰戰兢兢，每天八點前就坐在電腦前準備，他覺得自己「比上班族還要上班族」，自由度並沒有大幅提高。

而且，他的勝率開始下滑到只有50～60%，這讓他壓力變超大，收盤後都不睡午覺，只想盡快做完所有檢討，半年下來身體很難放鬆，狀況變非常差，連吃東西都失去味道了。

有百萬本金又有不錯的當沖技術，績效竟然比只有30萬時還差？

當沖，確實有機會在短期內以高勝率方式賺錢。

但，當沖卻也是極度需要技術能力且違反人性的「極限型」操作方式，股票市場幾乎沒有人適合當沖，大多數當沖的結局只有兩個：爆賠或暴賺吐回。

說實話，就連我做專職操作都無法長期承受這種壓力，更何況是一般非專職的上班族。

如果你在上班的時間突然接收到一個重要的買賣訊號，但又得馬上見客戶或開重要會議，你到底要選擇工作還是交易？

我所接觸大部分玩當沖的上班族朋友，他們往往工作與投資雙輸：不但難以專心在工作表現，還賠掉最寶貴的時間、信心與健康。

我始終建議：要做台股請不要當沖，請鎖定持有半年上下的波段交易。

當然，你或許自認擅長當沖，難以馬上接受「當沖轉波段」這個建議，就跟當時的阿國一樣。

　　當時我給出這個建議後，他一開始不太願意，因為如果不當沖，就勢必要承受留倉的風險，而且他的當沖勝率非常好，即便是因為資金放大後沒有像之前這麼穩定，但高勝率就是印鈔機，白白放掉機會讓他感到很可惜。

　　但阿國也明白，生活品質大幅下降是眼睜睜的事實。

　　他面臨一個抉擇：到底要轉作波段讓生活壓力減小，還是咬緊牙根繼續做當沖，把資金衝大？

　　「你這樣下去遲早會失控！」

　　我告訴他當年我為了追求極限當沖方式，讓身體種下變差的因子，導致後來進到加護病房的整段心路歷程。

　　他深思了幾天，決定聽從我的建議，把當沖改成賺得比較慢的波段試試看，可是卻產生了一個新問題。

　　之前他幾乎每天都會看到交易機會，因為每個當沖高手都擁有抓到買進點位的能力；而波段作法，則只能在一堆機會裡面「挑一個最好的」進場。

　　交易就像開車，習慣開快車的人，突然叫他放慢速度開，即使他知道這樣安全度會增加100%，但他看到前面沒人還是會想油門踩下去。

　　大部分從當沖轉波段的人，最難克服的事就是曾經暴賺，而忍不住下單的「股市癮」。

　　因此我要阿國做一個練習，就是我常提到的「一口單計畫」。

「一口單計畫」三步驟

1. 縮小部位，大約 10%～20%
2. 觀察一整週不出手，找最好買點
3. 下一週，只有最好機會才能進場

　　不曉得大夥看到我這個一口單計畫，能不能看出其中的精神與意義？事實上「一口單計畫」不只可以改善當沖轉波段的手癢，還包含了股票市場的賺錢真相。

　　股票市場是一場不會被淘汰的全壘打大賽，三好球不揮也不會怎樣，所以我們可以只挑「最喜歡」的球來打。

　　「一口單計畫」的訓練，可以增加我們對自我的認識，讓我們知道什麼時候是最佳出手點，同時增加出手穩定性。

　　我自己當年剛進股市時因為資金很小，所以心情是「一定不能輸」，因為一旦輸了就得回補習班了，也因此我發展

出一口單計畫，當時我想的是「如果一週只能交易一次，那一定要找到最好的機會進場」。

也因為我在初期就建立了贏的習慣，只在屬於我的最好買點進場，讓我奠定「下單穩」的暴賺基礎。

一口單計畫，就是為了建立「贏的習慣」，帶著「一定要贏錢」的態度出手，每次進場都要確保是最好機會，這樣勝率就會大幅提升。而勝率一提升，潛意識就會覺得「自己真的是贏家」，長期下來就會建立贏家的心理正回饋。

我帶著阿國利用一口單計畫的步驟，訂定以下流程：

1. 拿出過去一周的當沖，挑出一個事後看最好的出手點

2. 把這個出手點套用在過去一個月看是不是一樣完美

3. 接下來一個月，沒有看到這個點位絕不進場！

在一口單的訓練下，阿國終於把當沖的買點能力，轉換成中長期的波段持有優勢。

我給所有操作不順的人的第一個建議就是「一口單計畫」，而以多年訓練經驗之中，「一口單計畫」也是改善績效最有效的第一名。

想嘗試當沖轉波段的朋友，請在交易日誌的充電練功區加入「一口單計畫」。

隔兩年，阿國的勝率雖然沒有做當沖時那麼高，可是他的資金水位反而增加一倍，順利的來到300萬關卡。

他說實行一口單計畫後，找到了很多自己習慣的出手點，並且利用這些最好的點不斷加碼來創造最大獲利。

他每次加碼的點，都是用一口單計畫實驗出來的結果，每次進場都是最舒服也是最安全的點位，所以他用這方法加碼是非常安全的事情。

也因為做波段，一天的交易機會幾乎只有一次，買進後就是看美劇和睡覺，收盤後他更能好好放鬆。

他說他終於有了做股票的自由，而且賺錢賺的很舒服，有信心持續走在「累積暴賺」的路上。他花了兩年順利專職，終於得到最想要的「尊嚴」。

第 **7** 章

回測，
找出技術的弱點和強項

在股市，沒有回測絕對不行，即便是能夠在市場上賺錢的絕招也必須經過這一段工程。我常講，「回測」是一件既好玩又具有極高價值的一種練習，透過回測，我們可以辨認一個方法是否好用，更重要的，即便是方法不適合自己，我們也可以透過回測來「改造」你在書上或網路上學到的所有招式，找出作者沒有講清楚的訣竅在哪裡。一旦開始回測，想要賺錢就會變得容易。

回測有兩個重點：

1. **過去不代表未來，關鍵在於建立信心。**
2. **回到過去，看看自己在當下是否能做出正確的決定。**

想要回測，首先你必須有一個巨大的歷史資料庫來幫助你回到過去，市面上很多軟體，有些要付費，有些則是需要開戶，但如果你現在就想練習，我推薦兩種方式：第一種是「奇狐勝券」，大家可以下載他們的免費體驗版，另一種是免費網站「Stock-ai」，這兩種方式都能幫你做近期的回測練習。

●奇狐勝券

步驟一：搜尋奇狐勝券，點選「下載試用」

步驟二：點選「下載體驗版」

● Stock-ai

步驟：在 google 搜尋「 stock-ai 」，或輸入以下網址：https://www.stock-ai.com

　　相關操作問題可以看網站說明或詢問客服，它們的優點在於放大縮小非常詳盡，並且提供很多工具幫我們做歷史回測練習。以下回測練習的線圖，都來自於 Stock-ai 這個網站。

　　接下來，就請大家翻開前面的章節，既然這本書是一本體驗之書，我邀請大家一起來用書中的方法做回測練習。

　　回測技術時要把握三個方向，要找出這個技術在多頭（上漲）、空頭（下跌）以及盤整（震盪）這三個不同時間的表現，畢竟現在市場上很多的技術和方法，都只適用某些狀況。有些技術在多頭時表現得很好，例如均線、KD、存股甚至法人買賣超，但若是遇到空頭，或者行情要死不活的盤整時就會開始賠錢，大部分的技術都會有適用性的問題。

以我的經驗，大部分的投資人因為手邊的看盤軟體不夠好，所以做回測的週期都沒辦法超過半年，以我以前來講，每學到一套技術我都會拿到歷史上去做模擬十年以上，空閒時間更會拉長到模擬15～20年來實驗。一是要看這個技術到底有沒有用，二是我想透過回到過去，來看看自己在這些盤勢發生時的應變能力。

我希望在這裡用前面章節提到的「J派逆布林」，來幫大家做一個簡單的回測練習，為了方便說明如何回測，我在這裡就用前面提到過的台化作舉例。

大家還記得J派逆布林嗎？「假設」J派逆布林的做法如下：

1. **在布林通道下緣位置買進**
2. **突破上緣時，不管任何技術分析，到自己滿意的報酬就賣掉**
3. **停損設定10%**
4. **_____。**

又因為期貨的報酬率非常高，所以當我們套用在股票的時候，我建議大家盡量設定30%以上（一倍也可以，但事實上這需要動態調整，我後面會說明）的報酬率。

接下來以台化為說明如何回測，前面說過，回測的時候務必要區分「下跌」、「震盪」、「上漲」三種時期的表現，這是為了知道自己手上技術的盲點。其實基本上每一種方法都有它特別強和比較差的時候，回測就是為了讓大家在強勢的時候多去發揮它，而在方法不適用的盡量避開它，能做到這樣，我們才可以算是一個合格的操盤手。

另外回測還有一個重要的目的，就是讓自己回到過去，好模擬自己在盤勢裡面的情緒變化，根據我的觀察，有些技術雖然能用，但往往因為和個性不符而讓我們無法遵守紀律。如果我們習慣把自己的技術拿去回測，我認為有很大的機率可以避免這問題。

現在我就帶著大家一起回測，我把台化切成幾個不同的區段，我們就從下跌段開始看起，另外，以回測這個功課來說，我希望大家盡可能的可以利用手邊的電腦去做，感覺會不太一樣，我相信用電腦做會多出更多盤感和心得。

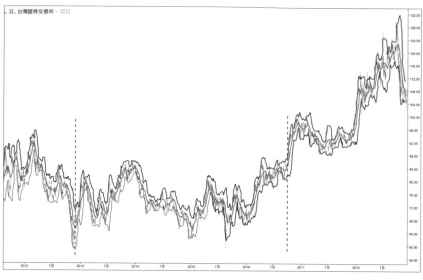

▲我做回測時，會區分「下跌」、「震盪」、「上漲」三種時期。　　　資料來源：Stock-ai

　　回測就是這樣，不用太科學，目測即可。這張圖我希望大夥先邊看邊感受一下，你也可以在下面寫下一些自己觀察逆布林實戰中所看到的優劣跡象。

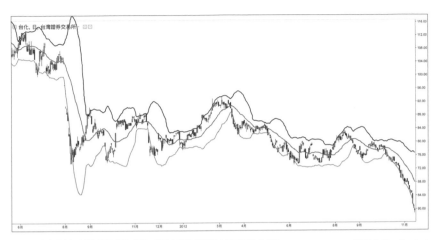

▲回測時要注意連續下跌時造成的可怕虧損以及痛苦心理。　　　　資料來源：Stock-ai

　　大家是否有發現，以逆布林在空頭時期的表現來說，先不論賺錢的機率，大夥若經過回測，應該能發現逆布林在空頭最大的問題，是會在連續下跌段掉入停損地獄。也就是說，在「連續下跌」與「下緣」兩個條件同時成立時，會不斷的停損完又進場、停損完又進場，這種情況就好像是凹單吃了一大段下跌段的停損外，又賠上了昂貴的手續費。

　　即使上漲的時候能有一段獲利，但總體來講績效會非常差。

　　所以當我們回測到這裡，心裡就要有個底，要嘛空頭不要用，要嘛我們再想辦法去小小修改一下逆布林在空頭時候的用法。

接下來,讓我們看看它在盤整時期的表現。老樣子,我希望大家先看著圖感受一下逆布林在裡面會遇到些甚麼狀況,可以的話我希望你可以順便寫下來,當作回測練習。

▲震盪時期的逆布林。　　　　　　　　　　　　資料來源:Stock-ai

回測後,大家應該有發現,績效明顯比在空頭的時候好多了。但所謂的「好多了」並不是大賺,而是不會大賠。

我還是要強調,在股市,沒辦法暴賺的做法都會浪費我們的時間,股市風險大、耗時高,如果只是小賺實在是太可惜。

回測過後,雖然在「連續下跌」與「下緣」兩者同時發生時一樣會出現連續停損,但上漲的幅度卻也大了許多。畢竟以布林通道的本質來說,本來就是漲多回檔跌多反彈的概念,所以在震

盪行情裡面本來就不會吃大虧，再加上大夥回測完又搭配一些停損停利機制，在震盪行情裡當然是可以獲利的。只不過大夥應該有發現，獲利明顯的並不夠大。

　　而在震盪中，我們無法選擇只做多不做空的選項，因為在震盪行情裡面漲跌不容易判斷，所以此時回測的重點就在於如何在震盪中設定更好的停損和停利。

　　接下來，我們來看看上漲趨勢中的表現。同樣的，請大家看著圖判斷一下逆布林這個技術在下圖的表現，可以的話我希望你能寫下一些觀點和實戰中會遇到的問題。

▲上漲時期的逆布林。　　　　　　　　　　　　資料來源：Stock-ai

大家應該不難發現，績效明顯強多了。

這邊的停利，看你是要用一半停利法還是目標停利（先設定好報酬率，到了直接清倉）都可以，我用逆布林的概念並不是均值回歸，而是賭大的，概念上我是要暴賺，所以均值回歸的概念我只用在「買進」，而停利，我希望讓它盡可能放大。

回測完上漲趨勢段以後，我希望大家看到的是停損設定的重要性，在這裡，如果我們只願意設定過小的停損，很有可能會被輕易地掃出去，而停利更是重點，無論如何，大家一定要想盡辦法待在場內。

以上三個動作，我們就已經做完逆布林在「多頭」、「盤整」、「下跌」三種情況的回測了。大家有什麼感覺呢？

我先幫大夥整理一下：下跌段停損大且多、震盪區獲利不理想、上漲段獲利驚人。

回測就是要幫我們整理出這些資訊，經過回測，所有平凡無奇的招式都能變的神奇，而當我們一起做過回測以後，相信大家都能得到一個重要的結論：「只做多頭」。

所以我在第232頁有挖空，第四點我想要填入的就是：

1. **在布林通道下緣位置買進**
2. **突破上緣時，不管任何技術分析，到自己滿意的報酬就賣掉**

3. 停損設定10%

4. 只做多不做空

　　隨著回測時間和次數不斷增加，我相信大家還可以再整理出更能賺錢的強力規則，這就是回測的重要性。在股市，看盤時間長短不重要，能不能盯盤也未必需要，但盤後做的功課就是這些，做好回測，我們就可以把工具化腐朽為神奇。

　　而前面提到的一半漲幅停利法，就是所謂的「策略」，大家可以用在各種技術上試試看。以台股來說，只要買進後漲幅有超過5%，那就是個好買點（前面提過，所謂的好買點，就是買進不久後就漲），核心在於：

　　當漲幅超過5%後，一律拿出5%後的一半利潤想辦法待在趨勢裡。

　　以台化來說，假設買進點是100元。

　　當漲幅到了10%，就用賺7.5%（5+2.5）做最後停利點。

　　當漲幅到了15%，就用賺10%（5+5）做最後停利點。

　　當漲幅到了25%，就賺15%（5+10）的獲利做最後停利點。

　　後續以此類推……

這就叫做「移動式停利」，這種作法的好處是只要看對行情，而且買進後上漲，我們可以不斷不斷地保持利潤，另外也可以讓心情穩定，不會有白忙一場的痛苦感。

當然，你也可以考慮在每次賺到一點點的時後就先行賣出一半，有回檔再低接，沒回檔就少賺一點沒關係，反正少賺也是贏，方法太多了，而這些都是非常重要的策略面考量。

但這個策略在回測的時候還是要注意兩個重點：

1. 是否有時間盯盤？如果不能盯盤，那是不是要改成周期較大的操作？
2. 是否能通過震盪測試自己的技術？如果不能通過震盪，那麼是否有加強空間，或者要直接放棄整套技術？

認識我的人都說，2011 年好像成為了 JG 的交易分水嶺。2011 年以前，JG 還是有融合了部分的順勢交易，而在 2011 年以後，JG 已經徹底轉型成反市場的交易者——這就是因為回測，而且是經年累月、大量時間的回測。

我覺得自己和以前最大的差異，就是現在我在股市變得更開心了。

　　從前，我總是想要比別人搶先一步進場獲利。賺得比較慢嗎？倒也不會，但每天的日子都非常緊張，我記得自己總會在8點30分以前買好早餐、煮好咖啡，在電腦前手寫著自己近期內會犯的錯誤，不斷反覆閱讀自己的交易守則，期許自己在15分鐘後的期貨開盤可以像個神一般的交易者不失誤。

　　這種模式，有賺錢但內心也承受了極大的壓力。

　　當我發現因為不斷回測決定反市場的瞬間，內心的恐懼似乎完全的昇華了。我彷彿能感受到市場的聲音，因為幾百幾千次的回測，我終於可以接受自己不可能永遠比其他人的速度快；因為回測，我找出了最適合自己的方式，也因此接受自己的反市場個性。

　　走到這步，是我第一次在股市感覺到舒服，也是我終於可以告訴自己不用擔心，因為這麼舒服，那我一定可以在股市賺一輩子。

　　回測就是這樣，我猜透過這個章節，大家一定已經了解什麼是回測，以及回測的重點有哪些，希望大家未來不管學了多好的技術都要習慣做回測，並且發展出自己的策略。透過模擬，首先我們可以深刻了解自己是否願意承受這個技術背後的風險，二來你會對這個技術的掌握度更高，掌握度高就有信心，有信心買賣就下單穩，下單穩就能獲利，進入獲利的正回饋。

　　回測同時也是在幫我們做刪去法，幫我們篩選出最有效的買賣法則。做股票或其他商品，請盡可能的保持低次數的買賣，「KISS法則（Keep It Simple And Stupid）」就是最棒的事情。只要買賣一多，心魔就起，失誤就會出現，有些事情短期看起來似乎有利可圖，但很多人不知道久了竟然會是成為在股市賠錢的主因。

　　盡量找出時間給自己，心甘情願的Keep It Simple And Stupid。

| 第 **8** 章 | JG 八原則 |

　　JG 八原則，是我綜合自己專職操作生涯的結果，也是訓練了無數學生的經驗總和。這些原則目標不只是為了穩定報酬率，也是我多年看下來，最容易在股市「致富」的共同基礎。

　　在股市致富要做到三件事情，「看對」、「下大」、「抱住」，另外還需要一些運氣，當然還要不斷進行「反市場」思考，這八個原則就是要幫助各位讀者記憶這些重點而設計。有些原則大家剛聽到可能會覺得不可思議，我會一一說明，我希望這些原則能陪伴各位一輩子，能夠幫各位在股市徬徨的時候有個準則和依據。

8-1 成為反市場贏家的八個原則

原則 1：股票市場就是賭

我希望跟大家溝通的第一件事，就是請把「股市當賭場」。
我知道這樣說很多人會感到不舒服，會認為自己只是想跟著經濟
成長來取到資本利得而已，但這一點關乎著你對股市真實面貌的
理解。

原則一是我所有操作裡的核心，其中最重要的就是承認在股
市要靠一點「運氣」，承認這點以後，我們就會變得有勇氣，同時
也更知道風險在哪裡。

不把股市當賭的人有幾種狀況：不敢進場、不願停損、不夠
謹慎小心，最後容易患得患失。大家出國時應該都有到過賭場，
但我們根本不可能把全部的錢帶進賭場，基本上都是小賭，因為
我們知道自己並不會賭，所以小玩幾把就可以。

可是在股市，我們卻往往把投資兩字想得太過健康而下大
注，常常把投資兩字想得太過正面而凹單不停損，根據我的經驗，
越是這樣的人，越不可能在股市勝利。在這本書的前面我也舉
了很多例子，就是希望讓大家明白，在股市獲利靠的是「把握運

氣」，不要認為自己可以控制市場上所有的變化。把賺到錢當成是老天給的，那自然停損也會變得容易。

此外，當大家認同股票市場就是賭的時候，停損就會變得容易。就像我說過的，只要願意把停損當作進賭場的門票，我們心態上就會非常健康，這時候才能真正冷靜的進行這個高智力遊戲。大部分在股市的人都充滿了興奮和恐懼，只要我們一冷靜，就能贏。

原則2：務必和股市預言保持距離

我希望看完這本書的讀者們，請盡可能的撇開所有的預測，因為根據我的經驗，所有預測都不可信，在股市要贏在調整、而非事前算命。

有個比較重要的觀念是，現在網路上有很多預測，但我們要把重點放在這些預測過程中的「資訊」，而非結果。

例如假設預測營建股明年會大漲，我們該關心的是現在的房市政策、餘屋，以及那些地方正在開發。如果有人預測今天帶量突破的股票會開始起漲，那我們該做的是把這些股票全部抓出來，看看哪些股票會是未來的好產業。帶量突破只是結果，想要找出哪些是真突破，當然要試著去思考什麼是「真利多」，有真利多的股票，才能噴得長噴得久。

我希望讀者們可以專注在資訊，而非預測結果，我在股市賺的每一分錢都和預測無關，我在市場賺的每一分錢都是靠著去捕捉到恐慌的情緒。我知道要做到不聽他人預測很難，我只希望大夥記得一句話：「只有騙子能夠預測股價和未來。」

不理會他人的預測，我們就不會每天買進賣出，我們就不會這麼恐慌，我們就能專心在做功課上，累積一輩子的財富。

原則3：用財報選股，離暴賺太遠

原則三，是我發現目前股市人的最大盲區。簡單一句話，財報是過去的事情，投資是未來的事情。我們可以用財報看出一間公司「過去」有沒有爆發力，「過去」是否穩定，「過去」是不是財務資優生。但是過去的事情，你知道我知道，財團法人更是比我們先知道，所有我們在網路報紙上看到的消息，都早就已經反映在股價上了，知道有好消息的先買，知道有壞消息的先賣，在這個資訊被監控的時代，股價早已反映。

前面說到要看資訊，這裡的原則是要希望大家有想像力。關注產業、關注景氣，去想像世界的變化。就像我這些年一直不斷關注人造肉、電動車、電子菸、無人駕駛、醫療，或者各種因為大數據而跟上時代的產業資訊。

買點靠技術，而持有能力需要一點想像力。沒有想像力，你可能每天都會擔心漲跌而無法專注在自己的策略上；有想像力，我們會變成做功課專家，不太在意漲跌而專注在關鍵資訊。

而真的要從財報看出東西的話，我強烈建議看一個地方就好，就是在現金流量表裡面的「資本支出」部分。資本支出，代表著老闆的眼光，代表著全體董監事原始股東的眼光和決心。要知道，資本支出就代表著這些CEO們對未來的賭注，如果你的眼光和他們不謀而合，那麼在不要挑選到爛公司的情況下，資本支出＋眼光才是大黃金。

原則4：暴賺，是最健康的股市態度

前面說過，股市風險極大，如果只想賺一點點，我真心認為有更多值得追尋的商品，基金、ETF、美國債券等都很好。但是如果要進股市，一定要把目標看得很高，賺取暴利。

不想賺暴利的人就容易短進短出，想賺暴利的人就懂得持有，這兩種人在挑選股票的方向和心態就會有相當大的差異。而一旦想要暴賺，根據歷史你持有股票的時間就會以最少三個月、甚至一年以上為單位。除非你有超高的技術，否則願意持有超過三個月的人，才有辦法享受到暴賺的機率。

看對、下大、抱住，我希望大家戒掉短進短出的壞毛病。

原則5：當然要知道輸家的下一步

在我的經驗裡，最大的輸家就是容易被情緒帶著走的短線客，而我們一定要在他們最恐慌的時候買進掃貨才行。以本書的J派逆布林來說，我介紹給大家的買點就是我認為技術分析者最容易發生恐慌的點位，而我相信大夥只要有仔細讀前面的章節，一定也會發現這樣勝率很高。

我還是強調，就算勝率高也要知道「為什麼」可以這樣做，而不是直接把我書裡的方法拿去用。知道原因的你，一定有機會開發無窮無盡的交易方式，只需要大家願意跨出找到輸家的這一步就行。

輸家特徵如下：

● 沒耐心→所以我們持有時間一定要長。

● 短線容易恐慌→所以我們「只」在恐慌時買進。

● 喜歡當沖→絕對不要掛市價買，一定要習慣掛低兩檔買進，盤中短線震幅越來越大，短線客停損造成價格波動更大，不可追買。

　　如果你要追求技術分析，我建議效法令狐沖獨孤九劍的精神，把市場上最流行的招式都研究透徹，知道盲從者怎麼思考，就會更容易在最好的時候買進。

原則6：「優勢」為輸贏之間最大的分水嶺

　　在股市有幾種優勢，一定要利用：

1. **能不能盯盤累積盤感**
2. **有沒有產業背景優勢**
3. **人脈是否充足、有業內消息可用**

　　我見過無數投資人，不能盯盤卻選擇當沖，有產業背景優勢不用卻喜歡聽分析師的分析，有人脈卻不好意思打探產業變化和近況。或許有人會說研究股票不需要搞那麼複雜，但這些優勢明明可以讓我們更容易篩選出暴賺的標的，有就一定要用。

　　記住，來股票市場是來賺錢的，不要堅持「一種」戰術打到底，有任何的方法可以幫助我們判斷的都不要放棄。我認識一位超級交易員他每天有空就是上網查資料，從網路論壇找他要的產業資訊，再去和產業內的朋友請益。飆股就是這樣找出來的，有優勢就要窮追猛打，一定要跨出去。

原則7：贏家第一課，風險報酬比

第七原則和第二原則相呼應，股票市場賺錢靠的不是預測，而是在最好的點買進。這裡所謂的最好，就是符合「好的風險報酬比」，也就是虧損單位很小，但上漲空間很大的時候就該買進。就像第三章提到的J派逆布林戰法，我希望大夥都知道，在布林底部買進並不是因為覺得「碰到下緣一定會漲」，而是因為下緣的停損很好防守，而且通常沒繼續跌都會噴出去。

風險報酬比的觀念在於好防守，把防守當作最好的進攻。我們永遠要記得，股票市場的風險頂多就是買進成本到停損點之間的距離，風險報酬比就是要我們只在最安全的距離攻擊。

原則8：要賺一輩子，一定要有全面性的操盤力

大部分的人知道賺一輩子才有辦法致富，而大部分的人不曉得，要賺一輩子靠的是基本面＋技術面的雙能力。雖然我是技術面出身的，但這些年來我對基本面也花了不小的心力去研究，因為技術面找買點，而基本面可以讓我們更有信心。

根據我的訓練經驗，其實每個人都有一個金錢上限在心裡，有人是50萬，有人是200萬，有人是1000萬。我訓練過幾個非常厲害的學生，其中一個的資產在3000萬的水位成長減緩，他是超

級交易員、也開了一間投資公司，但他不斷告訴我自己從事交易這行很苦，覺得非常有壓力，見面一聊，才發現原來是他的技術面沒辦法幫他緩解心理壓力。

純做技術面的，每天看著K棒買賣，一下賠5萬，一下賺20萬，一下子連續停損好幾筆超過10萬的，結果某天行情有又賺了100萬……

我當時跟這位了不起的學生談了很多，其中最主要的，就是希望他多接觸基本面分析，希望他不要堅持短線交易，我希望他可以花時間研究產業面以及景氣變化來讓自己放鬆心情。

不曉得大家有沒有發現，純技術面的人都有個資金的心理極限，也就是說，當他們在到達這個心理極限之前，資金增長的速度都非常驚人，可是大部分的人到了兩千萬，你就會發現他的世界不知道為何突然慢了下來，就像我那個學生一樣。

我告訴他，希望他多去關注景氣、產業或政策動向，一天累積一點，把關注盤面的時間改成研究總體經濟。我當場告訴他我買了那些標的以及原因，有國內也有國外，但關鍵都是我利用技術面做買進後，我就會開始用基本面＋技術面的雙向停利法，我跟他說，這種雙向停利法可以再一次的提升勝率。

我希望他買一本最簡單的總體經濟學，只要搞懂基本名詞就好，看一下GDP，研究一下通貨膨脹的歷史，了解升息降息對景

氣的影響，研究PMI、CPI等重要指數，研究世界產業變化，接
觸最新科技。

最後，最關鍵也是最重要的，不是只看表象數字，要用技術
面去比對，不要迷信總體經濟的數字，因為我們不是專家，太專
注總體經濟對於在賭桌上的我們一點優勢都沒有，我們要用技術
面去比對。

> 總體經濟弱＋技術面強→市場超強→重押
>
> 總體經濟好＋技術面弱→市場超漲或有短線疑慮→減碼
>
> 總體經濟好＋技術面強→安心持有
>
> 總體經濟差＋技術面弱→空手

其中我最注意的，就是當總體經濟普遍認為不好，但技術面
很強的時候了。要知道，在這資訊極為發達的年代，K線越來越
是真理，因為所有的資訊都在裡面，有許多大投資機構、法人對
未來的看法都比我們散戶還要專業，而K線就是結果，我們只需
要跟隨它就可以。

有了這些交叉比對，再加上產業未來性的資訊，我告訴他，
這樣可以大幅減少進出，雖然沒辦法像當沖每天都有進帳，獲利
不會比較差，重點是可以靠這些突破自己的資金心理壓力。

一年過後，他說自己的資金終於有了突破性的成長，他卡在3000萬已經一兩年了，這一年終於突破了4000萬。更重要的是，他對專職投機不再感到恐懼，他很享受每一天的專職生活。現在的他身心平衡，我相信也只有這樣才能賺一輩子，在股市拿到驚人的財富。

很多人對研究基本面可能過於恐懼，別誤會了，我不是要大家當經濟學家，只不過要進股市就一定要了解他人的恐懼、他人的想法，而這些都是重要的股市語言，當然要弄懂。

有一句股市名言，「在別人貪婪時恐懼，在別人恐懼時貪婪」，就是我給大家最好的建議。想辦法聽懂股市語言要擺在第一，這本書給大家的股市語言比較多是偏技術面的，對很多人來說已經可以賺到第一桶金甚至更多，但為了突破我們的心理的資金上限，大夥別忘了也要開始慢慢地弄懂基本面、甚至總體經濟的股市語言。

當我們懂得越多層面的股市語言，就越能掌握「反市場」的思考來獲利。

8-2 客製化交易SOP的四步驟

　　能讀到這邊的朋友，辛苦了，我的書因為比較偏重實戰，並不是那麼好讀。接下來我想給大家一個計劃，希望這個計劃可以讓所有閱讀本書的新手或中老手都能有一個新的開始，無論你是第一次進場、先前虧損還是想要更大獲利，都可以從這本書提供的觀念與技術找到適合自己的工具，賺取一輩子的獲利。

客製化交易SOP的四步驟
步驟1. 目標設定
步驟2. 回測技術
步驟3. 擬定交易計劃
步驟4. 執行與調整

　　以上四步驟對大部分工作忙碌的人來說，大概需要三十天才能完成，這時間說短不短說長不長，但做為再出發之前的沉澱，三十天是很棒的啟動週期，接下來我會帶著大家走一遍流程。

客製化交易SOP的4步驟			
1.目標設定	**2.回測技術**	**3.擬定交易計劃**	**4.執行與調整**
❶釐清進市場目的	❶找出常用技術	❶進場策略 設定風報比 分批計畫	❶養成贏家習慣 一口單 當自己的CEO
❷了解自我與個性	❷技術回測（十年） （多頭、空頭及震盪） a.檢驗勝率 b.測試風報比 c.買賣策略	❷出場策略 停損 心理停損 價格停損	❷寫交易日誌
❸財務與工作現況			❸調整交易計畫 檢討賠錢單子 調整進場與出場策略
❹制定致富目標	❸執行面回測 a.工作能否盯盤？ b.能否通過震盪？	停利 目標停利 有賺不能賠 賭博式停利 移動式停利	❹必要時，回步驟1 重新設定目標

步驟1：目標設定

　　股市困難在於，所有技術都是需要客製化的，就如前面提到的回測來說，同樣的技術有人可以賺、有人卻不行，關鍵就在於每個人的忍耐度不同、資金水位不同、風險承受度也不一樣。所以我希望大家做的第一步是先釐清自己進股市的目標，先把目標訂好了，後面每一件事都會變得容易。

　　我的父親有一句話我永遠忘不了，他總是告訴我：「最爛的計畫都好過沒有計畫。」

　　所以我剛進市場時，就擬了一份作戰計畫書，分析了「目的」、「個性」、「現況」，知己知彼百戰百勝，所以進股市這個大賭場，第一件事就是要分析、了解自己，才能找出一個合理且可達成的目標：

（1）釐清進股票市場目的：

我期望的生活：賺到一筆錢環遊世界過日子，報酬低一點也沒關係

（2）分析自我與個性：

我對物質並沒有像一般人那樣大的慾望，但我想要自由

我從小到大，賭博時從來沒有一絲情緒

我非常擅長看出規律

我大學最高分的科目是邏輯

（3）我的財務與工作現況：

一個月休四天，白天可以盯盤

公司很好，工作有發展性，但我不喜歡填鴨教育

一個月可以存兩萬，一年存24萬

（4）制定致富目標：

因為我手邊錢很少，所以不想只是賺取一點零用錢 ，希望兩年內能賺到一筆屬於自己的一桶金，我設定第一年就要至少要翻倍才甘心，我可以全程盯盤，所以我願意學習短線交易。

回首這十幾年，當年這個作戰計畫對我的操作來說，非常非常重要。坊間的書鮮少提到目標設定，目標設定的關鍵在於，找出最符合自己的個性的獲利方法，它是一項評估野心和股市心臟的重要工作。

在這個步驟，我們可以先放大心中的報酬率，設定一年50%、80%、甚至一倍以上都沒有關係，我希望把大夥在這個步驟先不要設限，畢竟高報酬通常伴隨著高停損率，這個步驟同時也是為了找出我們的痛苦最大值在哪邊。

等界定出最大痛苦值，我們就可以安心地去追求自己希望的報酬率。

步驟2：回測你的技術，找出適合你的反市場武器

市場上大部分技術都因為過時而有所缺陷，其實只要想辦法回測（完整方法在第七章），了解方法的適用性，績效就能有一定

程度的改善。但別忘了，在回測自己技術的時候，一定要試著思考下面幾件事：

● 和我用一樣技術的人，他們會在哪裡興奮、在哪裡恐懼？
● 務必要邊回測邊離開群眾思考，過不了多久，你會很自然的站在反市場的角度來看股市。

步驟 3：根據風報比，設定你的停損停利與分批計畫

風報比一定要事先計畫才行，在股市買進，永遠不是因為「這裡會漲」，在股市買進永遠是為了「這裡買進有非常好的風報比」。

這步驟是為了讓我們脫離股市預言家的身分，變成一個真正的實戰者，用實戰角度來思考所謂的策略，這部分只要做好，你將會發現看對、看錯並不重要。只要每次下單都是依據策略，那你將會體驗到看錯也有可能賺錢的贏家股市經歷。

步驟 4：下一口單，撰寫交易日誌，隨時調整你的 SOP

交易時間一長，我們都很需要反省自己，進股市越久，學的技術將會越多越混亂，若沒有經過交易日誌和一口單的測試，我們將會被自己龐大的技術給壓垮。

　　大家應該有發現，股市菜鳥非常容易在多頭市場賺錢（空頭會賠回去），某方面來說，正是因為他們的「單純」，導致他們非常專心在自己的操作而不混亂，而中老手常因為知道的太多，而不斷產生興奮與恐懼。

　　勤寫交易日誌，對新技術懷疑的時候盡可能的先用一口單測試，這個步驟的目的在於讓我們的交易越來越簡單，別忘了KISS法則（Keep It Simple and Stupid）。

　　以我來說，目前我的交易策略只需要一張A4就能搞定，這也是我買賣能夠這麼快速乾淨的主要原因。

　　接下來就換各位了，讓我們一起用四步驟來打造自己的交易SOP，我希望這本書能成為陪伴你在股市操作的一本工具書。

實例分享 4

挑戰海外期貨的「多市場」

素人邁向大師的終極挑戰

　　2018年的股災是在十月份，小楊雖然逃過下跌，但也因此空手了近半年。他因為工作外派到泰國錯失了19年初的台股大買點，除了感到可惜，他也開始思考更進階的交易問題。

　　如果台股一直股沒有出現適合的買進機會，那他豈不是得空手很久？

　　他這幾年的獲利很好，但若台股之後的漲幅沒這麼大，那績效該如何繼續維持？

　　更重要的是，小楊因為這幾年績效變好，所以更貪心了，但他不是對金錢貪心，他是對時間貪心。他並不是物質至上的人，花費並不高，但他現在最怕自己錯過了陪伴孩子成長的時光，他擔心績效一掉下來，提早退休的計劃就得延後了。

　　少賺不是問題，賺的慢也不是問題，但沒賺錢機會是大問題。他因為空手半年到現在還看不出任何適合的買點，而感到焦慮。

　　我告訴他：「現在沒單可下，反而是學習新東西的時機，來讓自己準備邁向大師之路。過去我雖然鑽研技術分析，但我也私下請教一位國立大學的經濟系教授，請他和我一對一上課。」

　　說完這句話，小楊當下被我嚇到了。

已經會技術分析跟基本分析，還需要學總體經濟學嗎？

　　以往大家對 JG 的認識是期貨出身，而且百分之百以技術分析為主，如同我的偶像《專業投機原理》的作者維克多‧斯波朗迪（Victor Sperandeo）。

　　很多人可能忽略一件事，雖然他是撲克玩家出身的技術分析天才，後期卻花了大把時間鑽研經濟學領域，所以我也跟隨他的腳步，樂於研究所謂的基本面分析。

　　剛進市場的時候，我埋首苦讀了不少經典，我可以大膽的說基本面知識比很多經濟學本科生都還要滾瓜爛熟，但我內心不敢確定自己的理解是否完全正確，因此我決定花錢請所謂的「正統」經濟學家來幫我看更清楚這個世界。

　　小楊接受過我的訓練，知道我的股市哲學是「反市場」，也就是不迷信所謂的「正統經濟學」，那麼為何我又要學習所謂的「正統」呢？

　　答案很簡單，學正統經濟學目的是要了解規則、看透規則，讓我所有技術增加更高的勝率。我想從大部分專家的眼睛「看世界」，知道他們怎麼看世界以後，才能從中獲取超額報酬。

　　每個人都會遵循一套「基本規則」，就像紅綠燈，大家看到紅燈都會停下，看到綠燈都會走。如果我知道更全面的

基本規則，那麼我就可以研究出在有限生命中，如何「安全的闖紅燈」以更快達到目的。

我跟小楊說，他如果嫌台灣市場機會不夠多，那一定要把錢投入「多市場」，我訓練的學生有不少人用我的方式延伸應用到美股、海外期貨甚至貨幣交易。如果想掌握更多海外機會，就一定要著手研究總體經濟學的模型。財報可以隨意看，產業也不需要研究太深。

如果已經準備把錢投入海外更多元化的市場來達到更好的獲利，就必須想辦法讓自己做「多市場」的時候和做台股一樣，要敢下大注。可是偏偏台灣人在投資海外市場（比如美股）的時候，少了很多可供參考的資訊，這時要敢下大注，勇氣來源就是「明確的大局觀搭配技術分析」。

甚至對於一般人來說，無論我們對產業有多了解，任何一間企業的發展都和整體的景氣息息相關，如果只熟悉某產業但卻對大環境不夠了解，那麼資金夠大也幾乎沒有下大注的勇氣。

因此我給了小楊一個比較「特別」的建議：研究總體經濟，但別太過深入，這是由於許多股市玩家常因為過度鑽研

各種經濟數據報告，而陷入「過度預測」的陷阱。

「預測」在很多領域都會發生，從天氣、政治經濟、商業到人生命運，永遠都有大量的專家與名嘴在生產「預言」。

這些預言當作媒體炒作或是茶餘飯後的聊天話題，是蠻有意思的，但如果在股票市場，「預言」會變得非常危險。

這些「市場預言」會不斷干擾你的看法，讓你的判斷變得混亂，每個加入我 FB 社團的朋友都會發現一件事，我的社團裡不但禁止明牌，更沒有任何大盤分析的市場預言，因為這兩者都是導致散戶輸錢的雜訊。

但，就算是遠離股市雜訊，導致輸錢還有一個關鍵，是過度相信「自己創造」的市場預言。

人有個慣性，當他在一個領域知道越多資訊時，往往會產生可以看到未來的幻覺。更危險的是，如果真的被他猜對幾次，更會強化自己真的有預測未來能力的信念。

事實上他可能沒看到其他事件或真的預測錯誤，但人類心理機制為了保護自我，會自動忽略這些資訊，導致證據擺在眼前也會欺騙自己：我預測的一定會發生，只是時機或條件未到而已。

「過度預測」就是無法遵守設定目標停損停利，最後虧錢的最大原因。

我提醒小楊絕對不要試圖用總體經濟學預測未來，但要反過來利用，把總體經濟學當成一門「股市語言」來學，就像我們了解的技術分析或基本分析的語言一樣，關鍵是弄懂大家看到數字或數據時在想什麼。

這也是「反市場」思維在總體經濟學的應用。

小楊後來研究一陣子總體經濟學後，開始了解怎麼運用這個全新的股市語言，配合J派訓練的關鍵點買進海外期貨，並且分批進場持有，目前漲幅已經到40%，照這進度來看，他的退休計畫很可能會提早。他已經預先幫小朋友安排了明年暑假的迪士尼之旅。

後記 股市是世界上最公平的戰場

　　還沒出社會時的我常思考，到底自己出路在哪裡？沒有人脈、沒有家產，只有夢想的我該怎麼做呢？

　　還記得當時夢想很渺小，我只想在對的時間看球賽而已，一個補習班老師是沒有假日的，但偏偏大部分最精采的冠軍賽都會在這時候進行，當三五好友在聚會時，我一個人在補習班進行著填鴨式教學，當時真的很痛苦。

　　然而資本主義當道，企業大者恆大，我又該如何「負責任的抵抗」呢？直到我遇見了股市。在股票世界，我見到無論是有錢人、窮人、年輕人、老人、男人、女人，每個人的情緒在裡面翻揚、瘋狂，那個瞬間是我這輩子第一次找到出路，我覺得自己可以在股市找到屬於自己的自由。

　　很幸運，雖然不是大富大貴，但我從24歲就開始專職操作到現在，那時候開始，自己沒有看過任何一個外人的臉色活著。每個人都羨慕我，當朋友無法參加聚會的時候，JG一定是可以出席的那個人，和當補習班老師再也不同的是，這個殘酷的資本主義社會再也綁不住我了。

　　只不過當時的我卻沒有發現，我只是換個模式把自己給綁住而已。

　　當時我的交易模式過於辛苦，還是擺脫不了順勢交易的陰影，頂多只能算個比較叛逆的順勢交易者，我總是會煩惱手上的方法會不會過不久就不能用了，會不會這個月可以賺錢，而下個月就賠回去了？我總會擔心自己用的方法和其他人的差異並不大，會不會沒過多久自己的方法就被模仿了？

　　因為有這些擔心，所以當沖也做、日股、美股也做，當然我也喜歡波段交易，尤其在我最擅長的股票、期貨。

　　總之我當時只有一個念頭：「能賺就多賺、再不賺就來不及了。」

　　我那時和每個進市場的人一樣，賠錢不爽、賺錢也怕。當時在VIP室認識了很多不錯的交易者，但這些人沒過幾年後就消失了一大半，原因竟然都是因為他們的方法越來越不適用，而被淘汰了。

　　如果方法會失效，那股市要怎麼賺一輩子？如果不能賺一輩子，那又怎麼樣才能算得到自由？

　　答案就是「反市場」。

　　只有反市場才能讓自己在股市不需要拼命跟別人搶，對我來說，反市場是一種畢生可用的股市哲學。

「反市場」才是永恆

經歷幾年不斷的修正後，有一天我突然發現當下用起來最開心的交易手法，竟然和當初引以為傲的技術「完全相反」，我徹底領悟了「反市場」。那一刻，我的股市人生才第一次感到自由、暢快，我再也不用煩惱手上的招式會失效了。

2011年以後，我在收盤後終於不用這麼激烈的做檢討，我開始一星期運動五天、而且過得非常自主、開心，可以說，是股市讓我真正聞到了自由的空氣。

更不用說我在2014年帶著全家人進行了瘋狂的環遊世界計畫，以及繼續往下一步想要實現的股市夢想。

相信大家聽過一句話，世界上永遠不變的事情就是會改變。股市當然也是一樣，別害怕，請大力的去擁抱它。

股神巴菲特曾說過，要在別人恐懼時貪婪，在別人貪婪時恐懼，這句話本身有很多含意，而其中一點，就是在股票市場賺錢必須要深刻了解人性，因為贏家大部分動作都是違反人性的，這並不是一件容易做到的事情，需要先熟悉股市規則、感受群眾情緒、認識自我而後做出改變。

這不是一本傳統股市工具書，我定位這是一本「體驗之書」，希望大夥能感受到我想帶給你們的全新體驗，可以開始習慣用反

市場的角度來面對股市中流傳的所有工具，用最不盲從的視角來獲利。

股市是最公平的線上遊戲戰場，未來肯定是個高齡化的世界，將來我們都會大幅延長自己的壽命，我希望讀完本書的你，在年紀變大、體力變差來臨的那一天，已經永遠不會再被市場主流帶著走。

我心目中的一本好書，是一種能改變人的閱讀體驗，我希望藉由淺顯易懂的文字，讓認同我的朋友們，用反市場思維擺脫那些賠錢的既有人性，漸漸轉換成贏家的大腦，都能因為在身體裡種下的反市場觀念而偉大。

希望各位讀者，閱讀至此都能感受自己開始有一絲絲的改變，祝福各位和我同樣的幸運，有朝一日在市場奪回屬於自己的美好人生。

大家辛苦了，我是JG。

致謝

　　從2014年開始，有一群好學生不斷的跟我互動，你們問的每個問題，都給了反市場思維更多靈感。多年來我從你們身上看見互助的精神，我相信交易不再是一條孤獨的路，讓我有熱情繼續推動這場股市革命。

　　尤其感謝天地浮沈，你們永遠是最特別的一群。

　　感謝商周出版的每位夥伴：謝謝黃淑貞總經理的大力支持，讓我無後顧之憂的專心寫作；敬佩總編美靜身為出版人的堅持，總是先一步為作者與讀者爭取更多；專任編輯一皓歆，辛苦了，因為我的完美主義，不知讓你熬了多少個夜晚，希望你已經收到我們送過去的那箱滴雞精。

　　這幾年與我一起發掘反市場真相的好友，想跟你們說幾句話：Mr. 羅，謝謝你願意公開分享幾十年來的交易經驗，對許多投資人產生正面且深遠的影響；阿貓（麥克風），雖然我們的股市哲學不同，但相信我們對交易的熱情必然是相同的；我優秀的學生，麥可，很高興你找到交易與人生的平衡點，成為兼顧交易、生活與家庭的全面性專職操作者。

非常感謝接受採訪的每位股民，你們的真實心聲讓非常多投資人獲益，期盼下次見面時，你們個個都已經成為自己的贏家。

感謝兩個偶像，老柯（安德烈・柯斯托蘭尼）與Victor（維克多・斯波朗迪），你們的交易精神深深影響了我。

感謝JG團隊的每位夥伴，沒有你們，再真實的道理也沒辦法以如此清晰、多元的方式呈現與表達。我的東西一向比較複雜，是你們教會了我，怎麼把複雜的股市想法翻譯成這個世界聽得懂的人話。

最後要感謝我的家人一直陪伴我、協助我，替我分憂。我更想感謝的是自己英年早逝的父親，你在世的時候我曾說過自己做股票會成功，然而你離開的太早，來不及看到後來一切的發生，來不及看到我靠期貨賺到第一個一百萬，也看不到這本書的誕生。

如果死後有另一個世界，希望能把書拿到你面前和你一起看；

如果死後有輪迴，我希望這本書能夠出現在你身旁；

如果死後真的什麼都沒有，那我希望這本書可以讓這個世界變得更好，因為我所有的一切都是你的養分，而我沒有辜負你的期望。

祝大家有朝一日，都能在股市掙脫資本主義的壓榨。

國家圖書館出版品預行編目（CIP）資料

反市場：JG股市操作原理 / JG著. -- 初版. -- 臺北市：商周出版：家庭傳媒城邦分公司發行, 2019.12
面；　公分
ISBN 978-986-477-766-2(平裝)

1.股票投資 2.投資技術 3.投資分析

563.53　　　　　　　　　　　　　　　　108020082

BW0731

反市場：ＪＧ股市操作原理

作　　　　者／ＪＧ
責 任 編 輯／李皓歆
企 劃 選 書／陳美靜
版　　　　權／黃淑敏、翁靜如
行 銷 業 務／周佑潔

總 　 編 　 輯／陳美靜
總 　 經 　 理／彭之琬
事業群總經理／黃淑貞
發 　 行 　 人／何飛鵬
法 律 顧 問／元禾法律事務所 王子文律師
出　　　　版／商周出版
　　　　　　　115 台北市南港區昆陽街 16 號 4 樓
　　　　　　　電話：(02) 2500-7008　傳真：(02) 2500-7759
　　　　　　　E-mail: bwp.service @ cite.com.tw
發 　 　 　 行／英屬蓋曼群島商家庭傳媒股份有限公司　城邦分公司
　　　　　　　115 台北市南港區昆陽街 16 號 8 樓
　　　　　　　讀者服務專線：0800-020-299　24 小時傳真服務：(02) 2517-0999
　　　　　　　讀者服務信箱 E-mail: cs@cite.com.tw
　　　　　　　劃撥帳號：19833503　戶名：英屬蓋曼群島商家庭傳媒股份有限公司城邦分公司
訂 購 服 務／書蟲股份有限公司客服專線：(02) 2500-7718；2500-7719
　　　　　　　服務時間：週一至週五上午 09:30-12:00；下午 13:30-17:00
　　　　　　　24 小時傳真專線：(02) 2500-1990；2500-1991
　　　　　　　劃撥帳號：19863813　戶名：書蟲股份有限公司
香 港 發 行 所／城邦（香港）出版集團有限公司
　　　　　　　香港九龍土瓜灣土瓜灣道 86 號順聯工業大廈 6 樓 A 室
　　　　　　　E-mail: hkcite@biznetvigator.com
　　　　　　　電話：(852) 25086231　傳真：(852) 25789337
　　　　　　　E-mail: hkcite@biznetvigator.com
馬 新 發 行 所／Cite (M) Sdn. Bhd.
　　　　　　　41, Jalan Radin Anum, Bandar Baru Sri Petaling, 57000 Kuala Lumpur, Malaysia.
　　　　　　　電話：(603) 9056-3833　傳真：(603) 9057-6622　E-mail: services@cite.my

美 術 編 輯／簡至成
封 面 設 計／FE Design 葉馥儀
製 版 印 刷／韋懋實業有限公司
經 　 銷 　 商／聯合發行股份有限公司　電話：(02) 2917-8022　傳真：(02) 2911-0053
　　　　　　　地址：新北市 231 新店區寶橋路 235 巷 6 弄 6 號 2 樓

■ 2019 年 12 月 10 日初版 1 刷
■ 2024 年 5 月 14 日初版 31.3 刷

ISBN　978-986-477-766-2
定價 420 元

城邦讀書花園
www.cite.com.tw